LLOYD & LELAND LLEWELLYN

US State Activity Book #4

Get Me Out of this State!

Dedicated to those who enjoy the fun of complex mazes ...

L & L

Alaska – AK

Entered Union: 1959
Nickname: The Last Frontier
Motto: "North to the Future"
Bird: Willow Ptarmigan
Plant: Forget-me-not
Capital: Juneau

Alaska

```
U B G Q P Q D B Z V H V W X F S R I E J
H E Q R H Q R M D Z D P N U V O E P F U
U R G I I O V G D C B A Z G T R O X Z N
F I N Q R Z M R P U H C P C I R U S W E
O N Y F J E Z E J M F J M M D C D A A A
C G G O T X G L R I S N L H I Q C C F U
I S Z E Q H F Z Y M O M S Y T Y F B A K
B E F S B E M P X B J W F C A J R K I E
Z A U K M I U C Q Z E C D N R O V M R N
M A N I O G O S S E P A C A O V E K B A
M O K M G A T B D J A F R M D O U I A I
A H J O N V Q C N J H D L S I Y Q T N F
L A L E U T I A N I S L A N D S F D K J
S F W T J G L A S T F R O N T I E R S O
T P T I J N O R T H E R N L I G H T S R
C I Q L W L C Z Z L G C X P B N I M S D
M F D E N A L I Y I Y H P S W J A G L S
J W X F I Z B O B R O S S F I K L K H B
M V K Y M O U N T M C K I N L E Y N W D
M F C U U A N C H O R A G E U R D V X P
```

HOMER	IDITAROD	GRIZZLYBEARS
JUNEAU	ANCHORAGE	LASTFRONTIER
ESKIMO	FAIRBANKS	MOUNTMCKINLEY
DENALI	BERINGSEA	NORTHERNLIGHTS
BOBROSS	KENAIFJORDS	ALEUTIANISLANDS

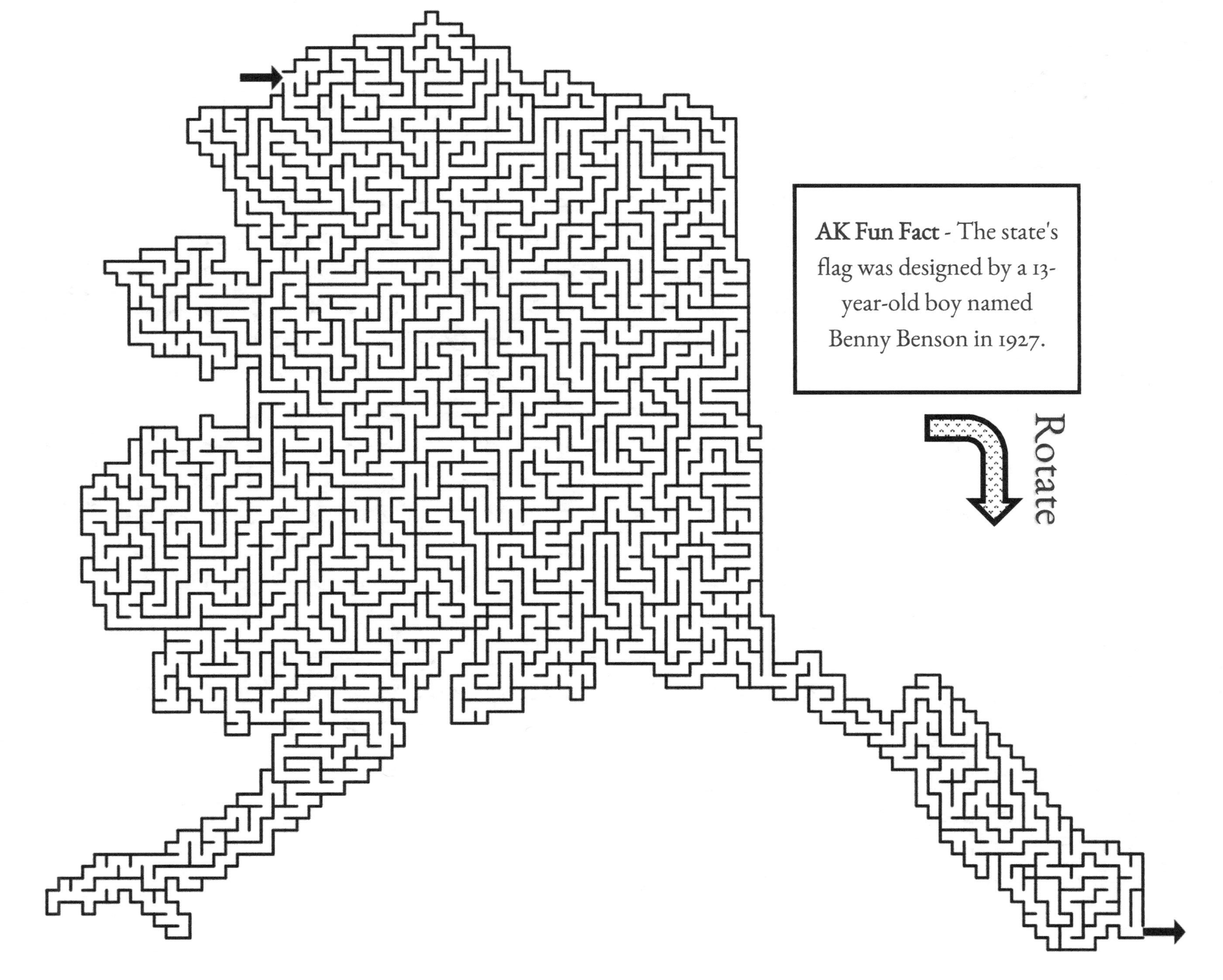

AK Fun Fact - The state's flag was designed by a 13-year-old boy named Benny Benson in 1927.
Rotate

Alabama - AL

Entered Union: 1819
Nickname: Yellowhammer State
Motto: "Audemus jura nostra defendere" (We dare defend our rights)
Bird: Yellowhammer
Plant: Camellia
Capital: Montgomery

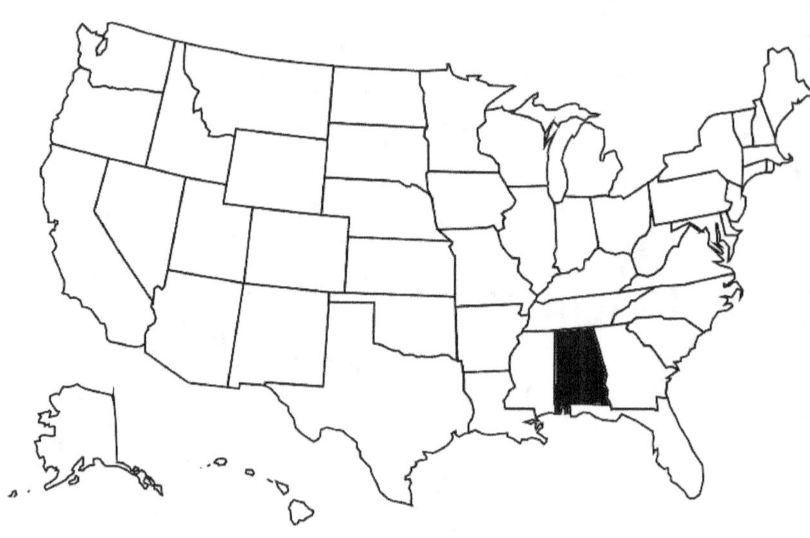

Alabama

```
J U R S T D H A R P E R L E E U V E U L
X S O U G U J B I R M I N G H A M Z J I
R M M F H O S X H M R J Y D S S V L W P
H A O K S Y A C M O B I L E C H Y S I C
Q S R N Z J D U A F Q S D Y E U E I D A
Y B V T T M R J B L T S U L R W L S J M
E J C W J G L R Z U O P C S S A L W N E
I Z H L J V O F O W R O N P P F O K A L
X G T U H L D M H S J N S H M U W C H I
C S X Z N N C V E A A X W A I G H I V A
U Q E R A T A R M R N P E Q B K A V A C
H H W L O S S T I Z Y K A Y A M M I S H
O Q H K M N D V K M S U A R Z N M L K Q
O X V E Y A G F I I S B O A K M E R X D
F X B F J U N Y K L N O U I R S R I Y X
B S W P D N D A J I L G N Z P O O G A E
B Y H G V I M F C Z E E C T M U N H N L
R P D O F H C J H L R G B O I G H T F H
G N O C V A I Y A M L U A W L D M S P A
B U H D D O P V V R C D X K K E E K Y M
```

SELMA	ROSAPARKS	TUSCALOOSA
MOBILE	HANKAARON	CRIMSONTIDE
AUBURN	BIRMINGHAM	NATKINGCOLE
CAMELIA	MONTGOMERY	CIVILRIGHTS
HARPERLEE	HUNTSVILLE	YELLOWHAMMER

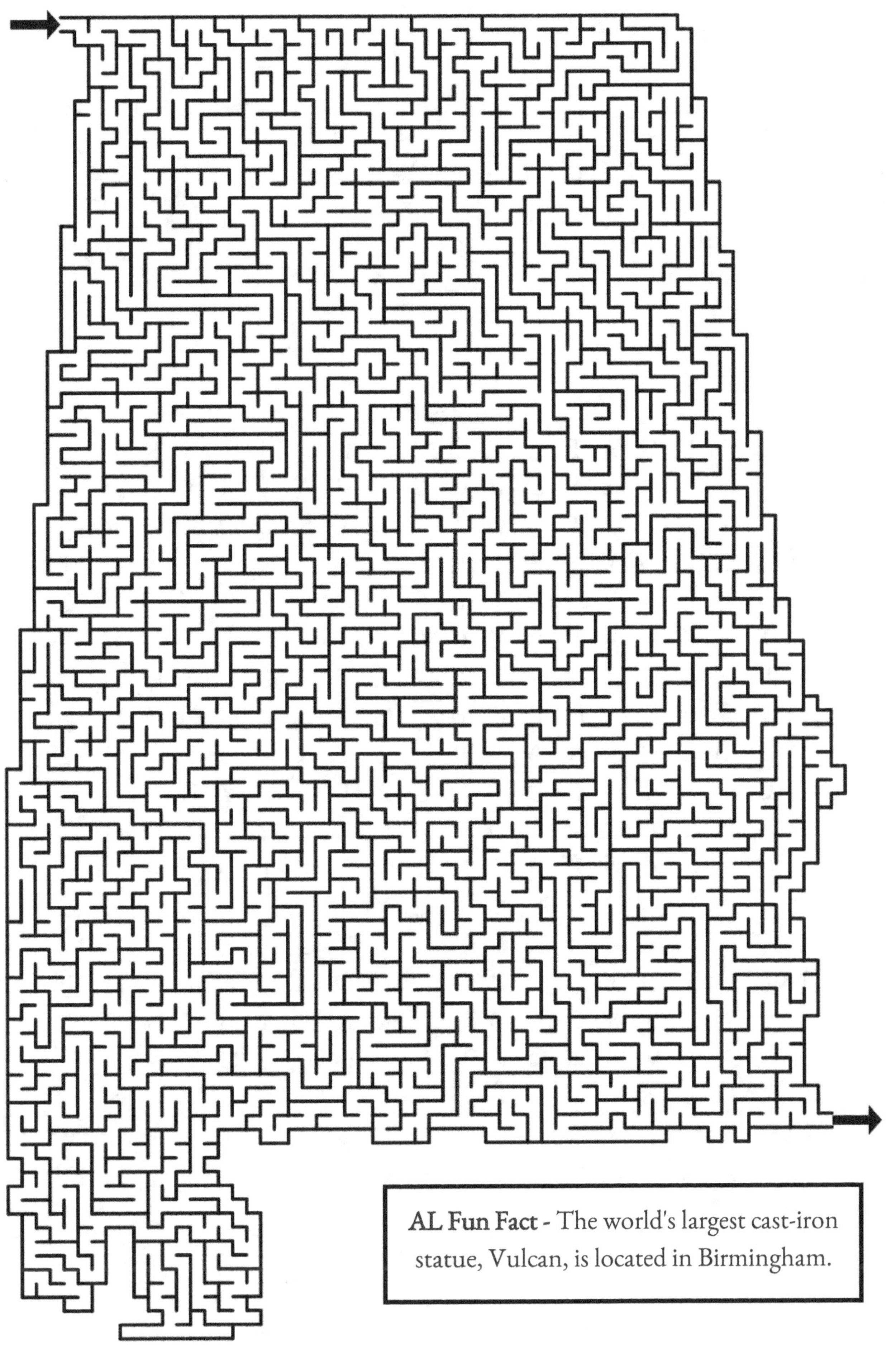

AL Fun Fact - The world's largest cast-iron
statue, Vulcan, is located in Birmingham.

Arkansas - AR

Entered Union: 1836
Nickname: Natural State
Motto: "Regnat populus" (The people rule)
Bird: Northern Mockingbird
Plant: Apple Blossom
Capital: Little Rock

Arkansas

```
K C A L G R E E N O Z A R K S J S K W S
L I J U P H S D P C S L B A T K Y S M L
C Z Y D I O I G R J O N E S B O R O B Q
O U C W D T F B I L L C L I N T O N X M
W A B Z S S M A T B S I G L R Z X D B X
B F F K L P X L Y C L G T E I J C U G C
P V F U I R G N S E P R F T O P I Q M J
I V S B U I H P O B T G J B L M O J W Q
N E D E D N S A N R W T I N I E P B Y H
E G M N I G W O F O D A E J Y Y R B T F
B R Z T A S P S O W M D L V C I T O G L
L M G O M U Z P O N J B O M I Q H A C N
U O W N O D W V D V C Y O I A L P N X K
F U I V N A B K S B I U R U H R L Y P H
F A O I D Y I C P O P D D M H Z T E H K
Y C W L S S O K Q A W K R H S M Y N T X
C H A L M B J O R R Y S U L Z U T K S P
D I G E Z T D J L D K C X J P R H S S T
U T J O H N N Y C A S H B H L A A F L A
A A E K S U N Z T G C C R N F P W V H D
```

OZARKS	JONESBORO	TYSONFOODS
ALGREEN	PINEBLUFF	BILLCLINTON
WALMART	LITTLEROCK	BENTONVILLE
OUACHITA	JOHNNYCASH	BROWNVBOARD
DIAMONDS	HOTSPRINGS	FAYETTEVILLE

Rotate

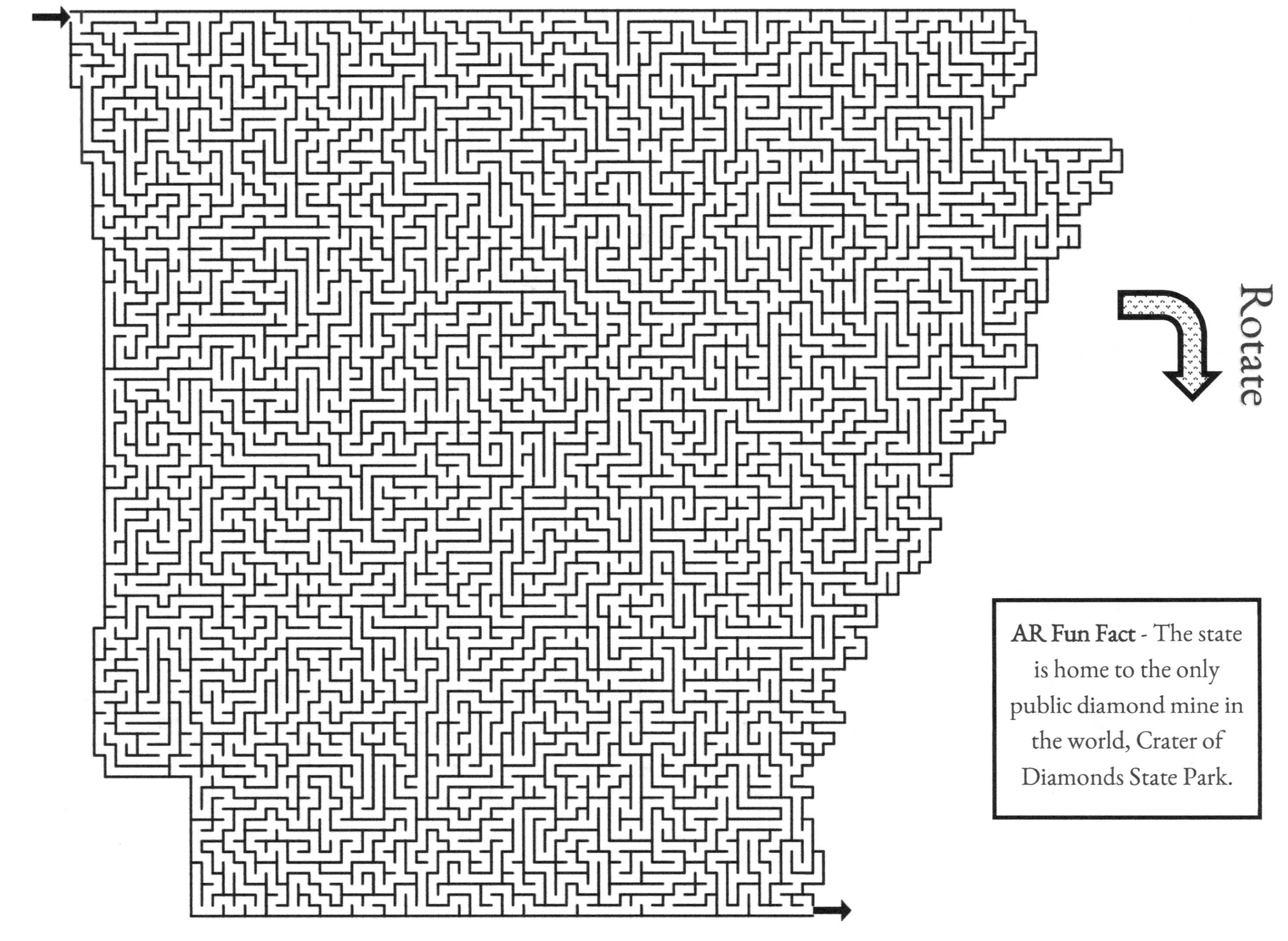

AR Fun Fact - The state is home to the only public diamond mine in the world, Crater of Diamonds State Park.

Arizona – AZ

Entered Union: 1912
Nickname: Grand Canyon State
Motto: "Ditat Deus" (God enriches)
Bird: Cactus Wren
Plant: Saguaro Cactus Blossom
Capital: Phoenix

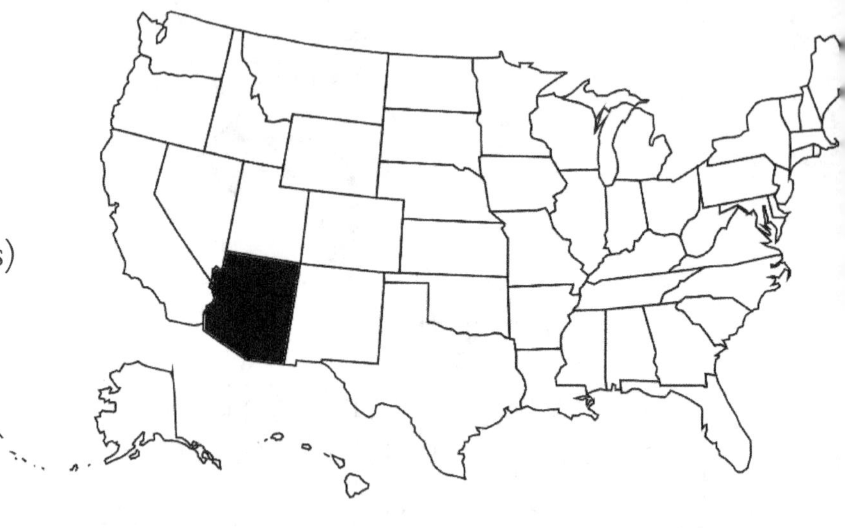

Arizona

```
S H N U Y Z L G R A N D C A N Y O N C G
I A Q P L W R C Y S C A M E L B A C K R
N L G J S A N D R A D A Y O C O N N O R
O U L U P I I T X X L X G T K B R K N U
R W T K A E H H O G Y J F R B S D K S H
X O W U Q R T F T M O R Q V K B X C C L
K M K W C D O R G G B K O N J X T A O Z
M D O C J S U A I G K S G Z Z X Q U T H
S S K N O E O D G F H K T N R Y B A T W
U A V H U R E N F B I F L O M L L L S I
C G P Q U M A Y A Z B E H G N L V X D K
P W H Y G R E L Z C Y D D H Z E I S A M
E U O E X D G N E T B C U F A E C G L Q
O X E E A T C H T L C J K G O Q K O E J
R W N J N T H O O V E R D A M R M U Y F
I V I B A W F C C W A Z H W T K E E F M
A N X P S E Z H N V Q L B P C V N S I R
O J G E R O N I M O N U L L Q Q L X T M
F I Q K U E Z N I Y U W U E L X J O T W
X L M E S A L H Z F S P V E Y N I K V Z
```

MESA	SAGUARO	SCOTTSDALE
TUCSON	GERONIMO	GRANDCANYON
PEORIA	TOMBSTONE	MONUMENTVALLEY
PHOENIX	HOOVERDAM	PETRIFIEDFOREST
OKCORAL	CAMELBACK	SANDRADAYOCONNOR

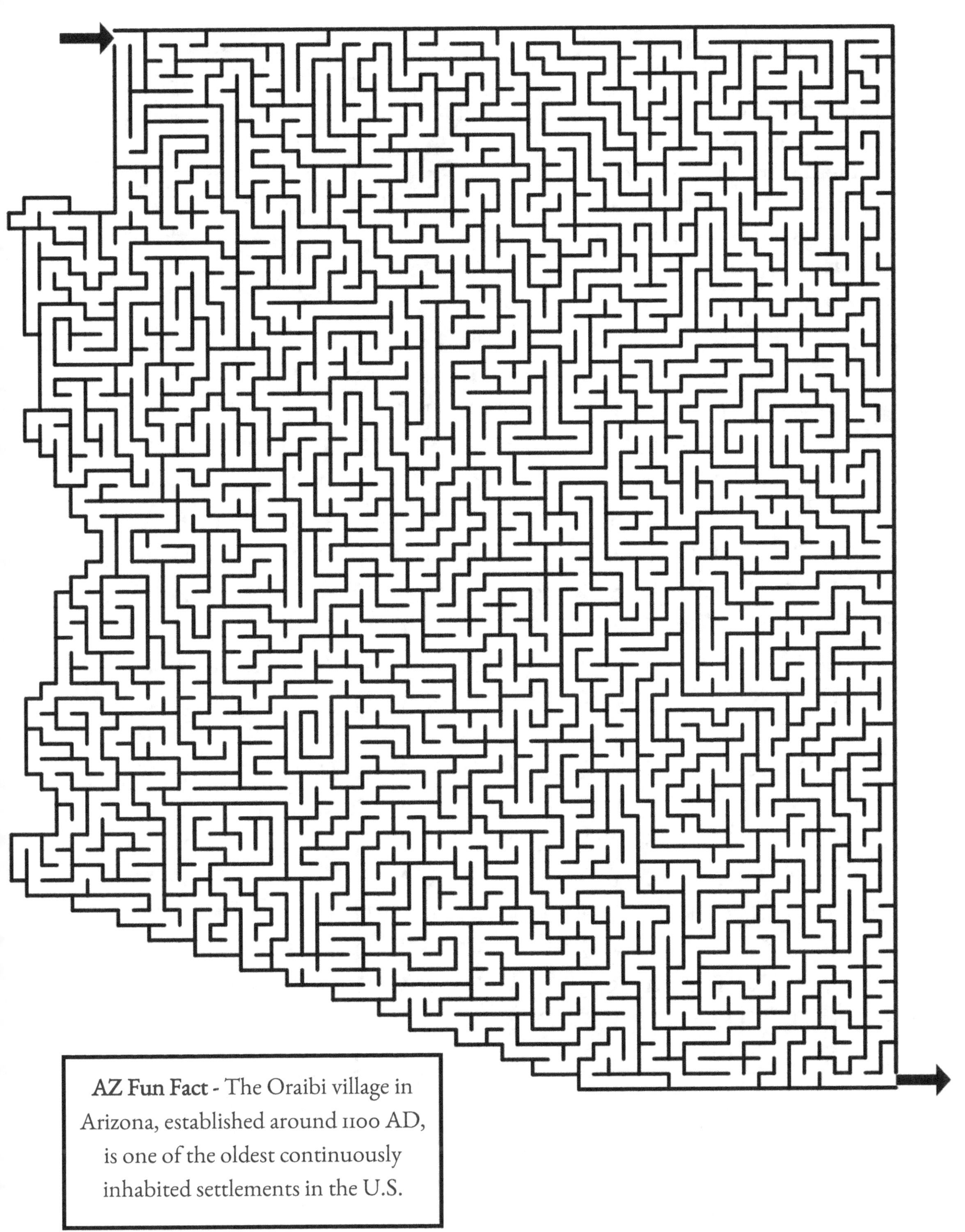

AZ Fun Fact - The Oraibi village in
Arizona, established around 1100 AD,
is one of the oldest continuously
inhabited settlements in the U.S.

California – CA

Entered Union: 1850
Nickname: Golden State
Motto: "Eureka" (I have found it)
Bird: California Quail
Plant: California Poppy
Capital: Sacramento

California

```
T G L M S A C R A M E N T O G U Z P J B
O Q A P P L E H A N W H O L L Y W O O D
D W V C Y O I P N X I A B K I U R U H Y
P H O Y F A C E B O O K I C P P D D M H
Z H K Y G W S O K Q W Y O S E M I T E K
R H S M O Y N T X C A M B J O R Y S U L
D Z U T L K S R E D W O O D S P D G Z T
O D J L D K S A N D I E G O C X J P M R
D H S S E T U B H L A A F L A A E K A S
G U N Z N T G C L O S A N G E L E S R C
E R N F G S I L I C O N V A L L E Y I P
R N A P A V A L L E Y W V H D N Z W L H
S A E T T B E Z N E Z S P S M C R F Y J
U I B H E B R U C E L E E N R E J Y N H
W X E E B Y J X A N W G N S W F I O M R
K G X U R A G V I U M M O D L U A I O Y
F H H C I I V Z V O W B W O K T G R N Q
B R X W D A R J M V U G V D G F A L R M
D T H D G P W Z Q S K J Z B A L A T O X
X T P G E F K B M G F R H Q E L E K E M
```

APPLE	REDWOODS	SACRAMENTO
GOOGLE	FACEBOOK	NAPAVALLEY
DODGERS	YOSEMITE	SILICONVALLEY
BRUCELEE	HOLLYWOOD	MARILYNMONROE
SANDIEGO	LOSANGELES	GOLDENGATEBRIDGE

CA Fun Fact - The state is home to the tallest tree in the world, a coast redwood named Hyperion, which is 379.7 feet tall.

Colorado - CO

Entered Union: 1876
Nickname: Centennial State
Motto: "Nil sine numine"
(Nothing without the Deity)
Bird: Lark Bunting
Plant: Rocky Mountain
Columbine
Capital: Denver

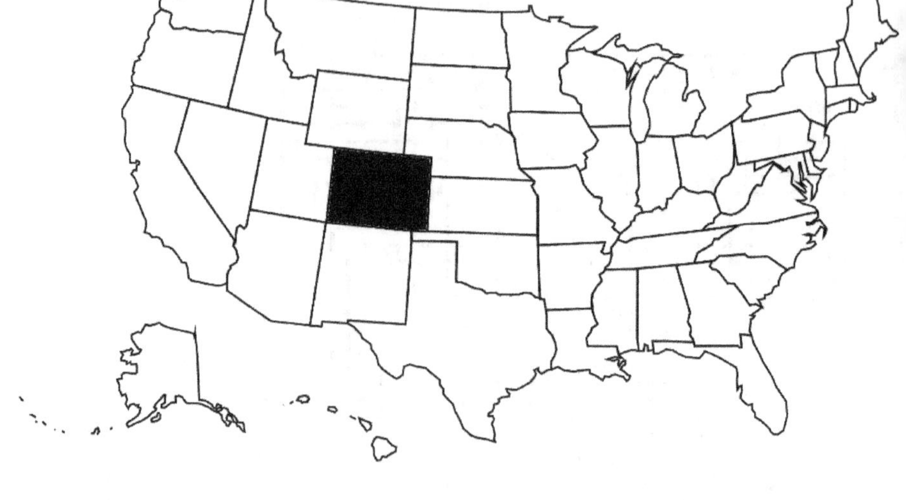

Colorado

```
V N R A S P E N A C U N D H X I W X P Q
R Q O T G W U Y Y T P K M A Y Q R W E U
S L C Q F A E L S A Z U V H X E D E U T
U M K K O H R S I M A T E Y A R P S S V
K L I H A R T D T S R T O B Z Q S T B C
L L E X Y V L F E E E X G X L W H M O P
L Z S L V L T V D N R M O U G O C I U U
X V X J G U H C F N O N H D U F Z N L P
B U L A G G M Z C P M F U R K S T S D I
E Q P B Z V W H Y C V F T N F P L T E K
E Q G Q R M X D M Z T Z R H I D R E R E
L I I J O H N D E N V E R A E O K R H S
W G P U I K A O Z M T Q S J H G N F G P
C O L O R A D O S P R I N G S L O R G E
E Q G E R A L D F O R D X I I I R D Q A
J B Y F I N A R X A F X M Y N F H V S K
K G L E N N M I L L E R N G B U L S R U
A A L Q J N P O V C O M B R O N C O S A
P R X C Q L M I L E H I G H C I T Y H X
G F O R T C O L L I N S R L N T F Y L X
```

ASPEN
PUEBLO
BOULDER
ROCKIES
BRONCOS

PIKESPEAK
JOHNDENVER
GERALDFORD
FORTCOLLINS
GLENNMILLER

WESTMINSTER
MILEHIGHCITY
WESTERNUNION
COLORADOSPRINGS
GARDENOFTHEGODS

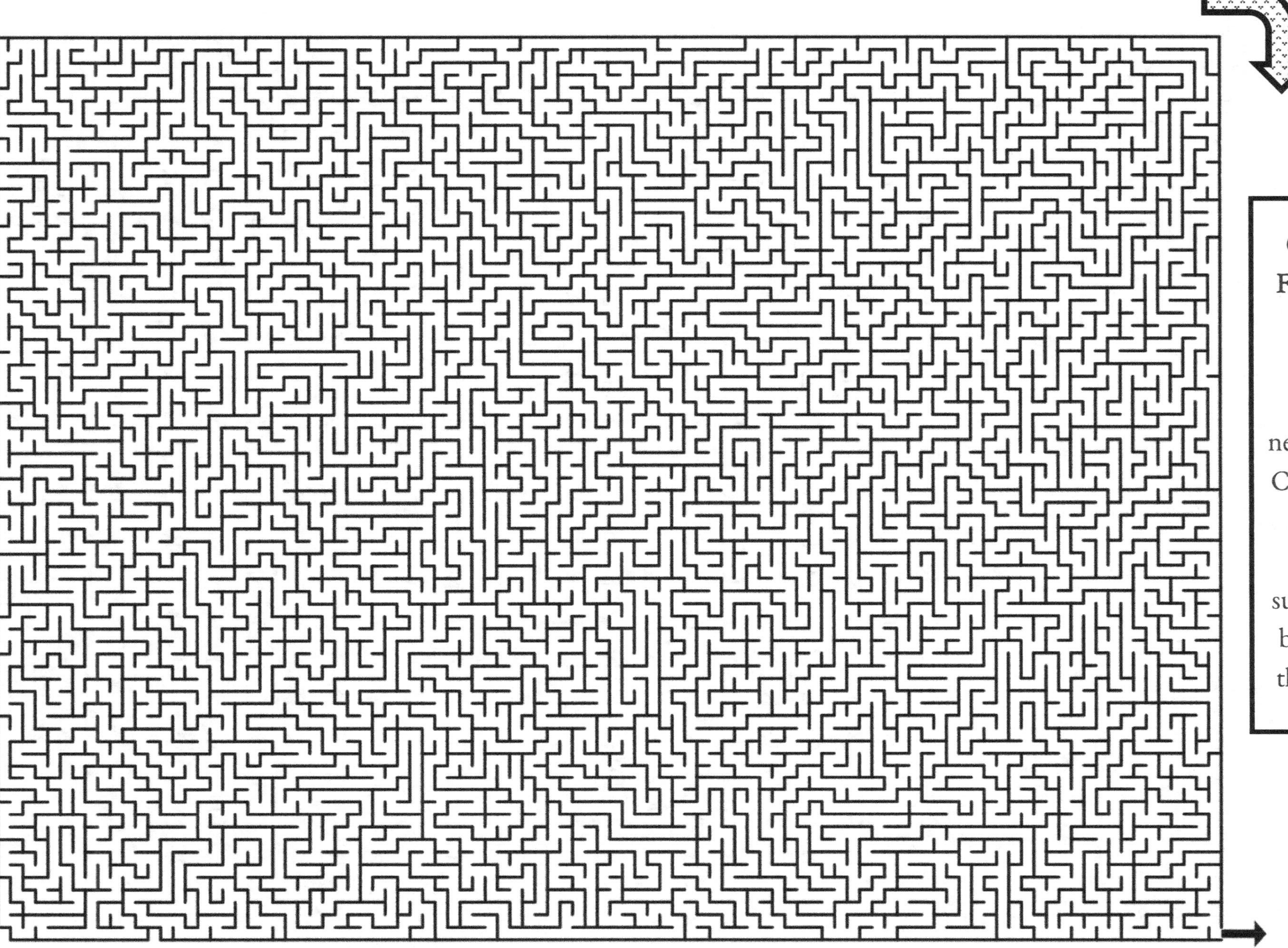

CO Fun Fact - The Royal Gorge Bridge, near Cañon City, is one of the highest suspension bridges in the world.
Rotate

Connecticut – CT

Entered Union: 1788
Nickname: Constitution State
Motto: "Qui transtulit sustinet"
(He who transplanted still sustains)
Bird: American Robin
Plant: Mountain Laurel
Capital: Hartford

Connecticut

```
B N B C K I C I W X V B C W D X V T O S
M S S R I A P E Z C A N D Y N L G H D C
R K T X I A T M K C V N L R L H T N E W
K Z A Q Z D S H D R A Q D H X G J O R H
P E M G R S G Z A E E R Q L K D P H O O
Y N F E H N B E F R H R J O P Q Y E I F
Y T O N M X O M P M I B H A R T F O R D
A Q R E E S B A P O V N R W K G U Y N W
L E D R V N O K H C R E E I H M O A Z L
E N L A N D P F F W E T B H W B L D W K
U Q S L P L G D V G E O R G E W B U S H
N J I E D Q U S R T D B E F Q P H U V N
I Z W L K A I N X T D P S I O W B M K F
V U O E V P G M J J R O Z T Y J V U M I
E S W C T R A V E L E R S J E B J G R U
R M W T D B S P L X K Z T Z G R G I P N
S X X R P E S P N W G L I N O R W A L K
I O D I E Y E N L O L L I P O P E Z A A
T D C C S I N S U R A N C E T N Q D N J
Y D T P L J M I R O G E R S P E R R Y Z
```

ESPN	LOLLIPOP	NOAHWEBSTER
NORWALK	INSURANCE	ROGERSPERRY
HARTFORD	TRAVELERS	YALEUNIVERSITY
STAMFORD	BRIDGEPORT	GENERALELECTRIC
PEZCANDY	GEORGEWBUSH	KATHARINEHEPBURN

Rotate
CT Fun Fact - The first Frisbee was invented in
Connecticut by a Yale University student in 1948.

Delaware - DE

Entered Union: 1787
Nickname: First State
Motto: "Liberty and Independence"
Bird: Blue Hen Chicken
Plant: Peach Blossom
Capital: Dover

Delaware

```
G  J  P  M  W  O  D  J  Y  Y  B  T  F  R  D  U  P  O  N  T
Z  P  P  U  S  M  D  N  C  I  T  G  L  M  G  S  U  Z  P  J
B  O  Q  M  N  H  A  N  E  W  D  W  V  C  G  L  Y  O  I  P
N  X  I  A  O  K  B  K  I  W  U  R  U  H  E  I  Y  P  W  H
O  H  Y  I  C  R  I  P  P  D  A  D  M  H  O  P  Z  H  I  K
Y  W  O  S  O  K  G  N  Q  W  K  R  R  H  R  P  S  M  L  Y
F  N  T  R  X  C  A  A  C  M  B  J  K  O  G  E  R  Y  M  S
R  I  U  L  S  Z  U  T  N  H  K  S  P  D  E  R  G  Z  I  D
E  T  R  D  M  E  J  L  K  C  U  C  X  J  T  Y  P  R  N  O
H  H  S  S  S  I  S  T  U  B  H  N  H  L  O  D  A  A  G  V
O  F  L  A  T  A  L  H  E  K  S  A  K  U  W  U  N  Z  T  E
B  T  G  C  C  S  R  F  O  N  F  P  S  I  N  M  W  V  O  R
O  S  H  D  N  Z  T  W  O  E  H  A  E  E  N  P  T  B  N  D
T  E  E  Z  N  E  Z  A  S  R  C  P  S  M  C  L  R  F  J  O
H  A  U  I  B  H  N  R  T  E  D  R  J  Y  H  I  W  X  E  W
B  F  E  Y  J  X  A  N  W  E  N  S  A  W  F  N  I  O  R  N
E  O  K  G  X  U  A  G  V  I  U  M  M  B  D  G  L  U  A  S
A  R  K  A  L  M  A  R  N  Y  C  K  E  L  S  I  Y  F  H  H
C  D  O  V  E  R  C  I  V  Z  V  O  W  B  W  K  T  G  R  Q
H  B  R  X  W  A  R  J  M  V  U  G  V  D  F  A  L  M  D  T
```

DOVER	WILMINGTON	PUNKINCHUNKIN
NEWARK	GEORGETOWN	REHOBOTHBEACH
DUPONT	DOVERDOWNS	JPMORGANCHASE
SEAFORD	FIRSTSTATE	HORSESHOECRABS
MILFORD	KALMARNYCKEL	SLIPPERYDUMPLING

DE Fun Fact - The first log cabins in North America were built in Delaware by Swedish settlers in the 1600s.

Florida - FL

Entered Union: 1845
Nickname: Sunshine State
Motto: "In God We Trust"
Bird: Mockingbird
Plant: Orange Blossom
Capital: Tallahassee

Florida

```
F O C U C U N I V E R S A L F A O T L K
U I M J A N E T R E N O Y G N F J P V W
K E I G D X X T M E Z B H T D M T S G F
C E A N O Z T B T A L L A H A S S E E E
C B N R Z Z V I F Z F D S R H S T O L W
B F U N O F I K R J X F I Q H M T Y M T
U V Z C E T O A C M S J E L Y P I A U X
I E O R C D D R C D I S N E Y W O R L D
U Z S G B A Y A T M M A Z F U U E N V G
E Z N A Q D N S Y L Z P T I P N F X S U
V O V T O O O E P T A M I A M I P B A Q
E B F O K V K Y E A O U N A S A Q Q X E
R B H R B E W U M R C N D L I S I B M X
G O W A A M K Q N K S E A E G P Q R K A
L B P D B R M G Z O K V C I R X H R P Q
A R S E C N P C A Z T O K T Z D D B R N
D O C G P U T V T H G P Q D R W A H T M
E S A V S I D N E Y P O I T I E R L A P
S S Y A P R O A R S B I G D P V X I E R
R Q X J A C K S O N V I L L E G H B C P
```

NASA	UNIVERSAL	DISNEYWORLD
MIAMI	JANETRENO	JACKSONVILLE
DAYTONA	EVERGLADES	SIDNEYPOITIER
BOBROSS	BUCCANEERS	FORTLAUDERDALE
GATORADE	TALLAHASSEE	KENNEDYSPACECTR

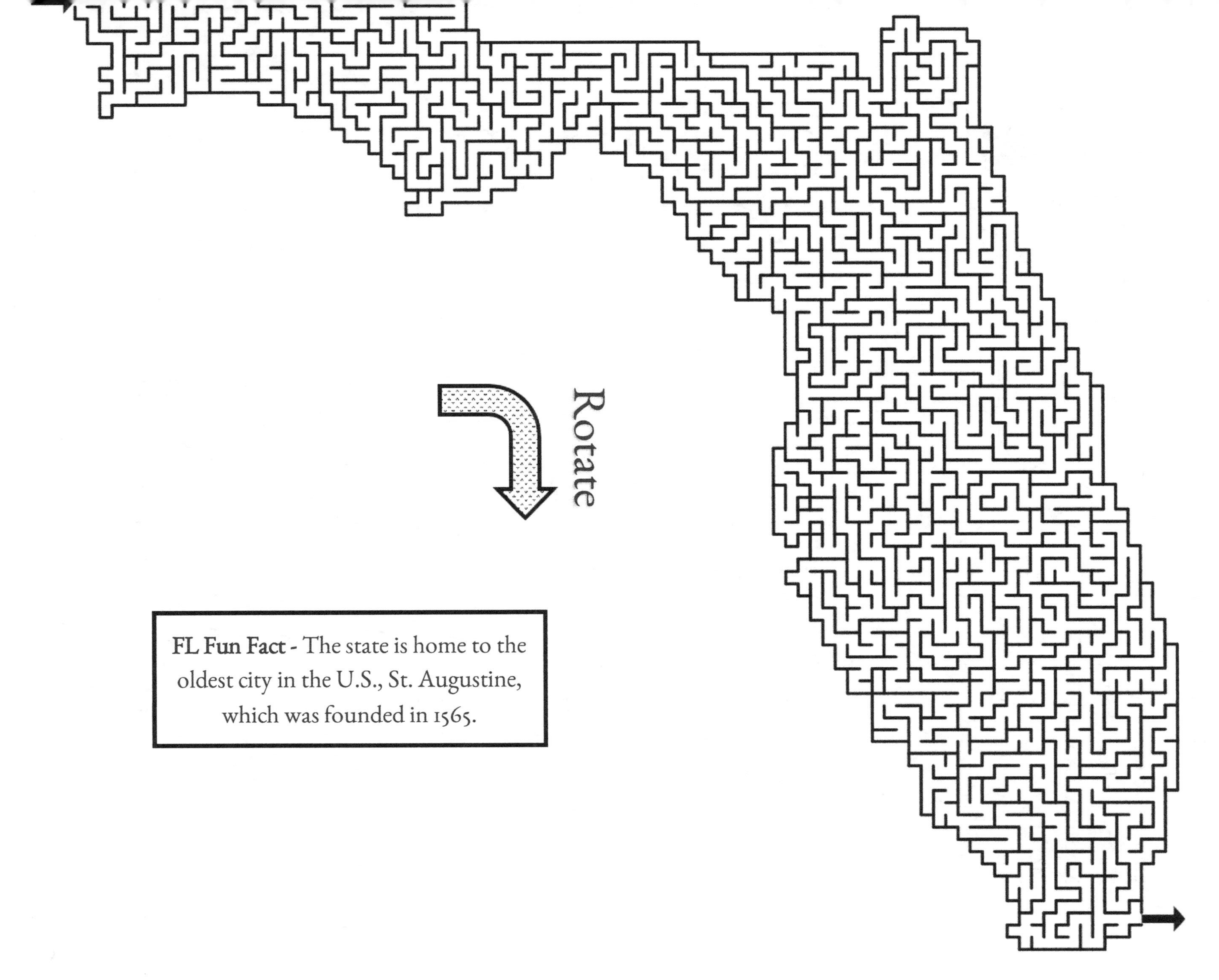

Rotate

FL Fun Fact - The state is home to the oldest city in the U.S., St. Augustine, which was founded in 1565.

Georgia - GA

Entered Union: 1788
Nickname: Peach State
Motto: "Wisdom, Justice, Moderation"
Bird: Brown Thrasher
Plant: Cherokee Rose
Capital: Atlanta

Georgia

```
L J V L D Z A R H M E J U Y T C J D K N
Y G E K E T G G H E T Y C O B B Z P P I
L B O M K C D E S O I B J G V L Q Y V D
W C K H H G B N E N F N C V V V N W H J Y
Y L E A Q N T S W C Z N I Q L E T I I G
B P F U M C D A I Q H D E L Q B T P M A
E G E G N Y Y K X L S E O X W H F C M J
R U N U S P A M Y Q S W E E T T E A Y V
A O O S A T T Z A J A A U K Z B Y F C O
Y W K T V D L Z U O R T I M U O Q R A R
C A E A A M A G N K W I H Z P N I Z R Z
H J E U N Z N K T E Y Q H E X K D W T P
A T I D N K T A U K M B X X N Y G A E W
R O O W A O A X Q N H J S G Z S Z E R K
L W U E H F X O M A C O N G S Z T U X Q
E S M A R T I N L U T H E R K I N G J R
S D N H R T H E V A R S I T Y K V P B I
W L V A L D O S T A A D L A H V X C A D
A P J S O C N L T F P H M H R I W S Q T
D R W P S E L C O C A C O L A Q G L T G
```

MACON	SAVANNAH	THEVARSITY
ATHENS	VALDOSTA	OKEFENOKEE
TYCOBB	COCACOLA	JIMMYCARTER
ATLANTA	SWEETTEA	GEECHEEKUNDA
AUGUSTA	RAYCHARLES	MARTINLUTHERKINGJR

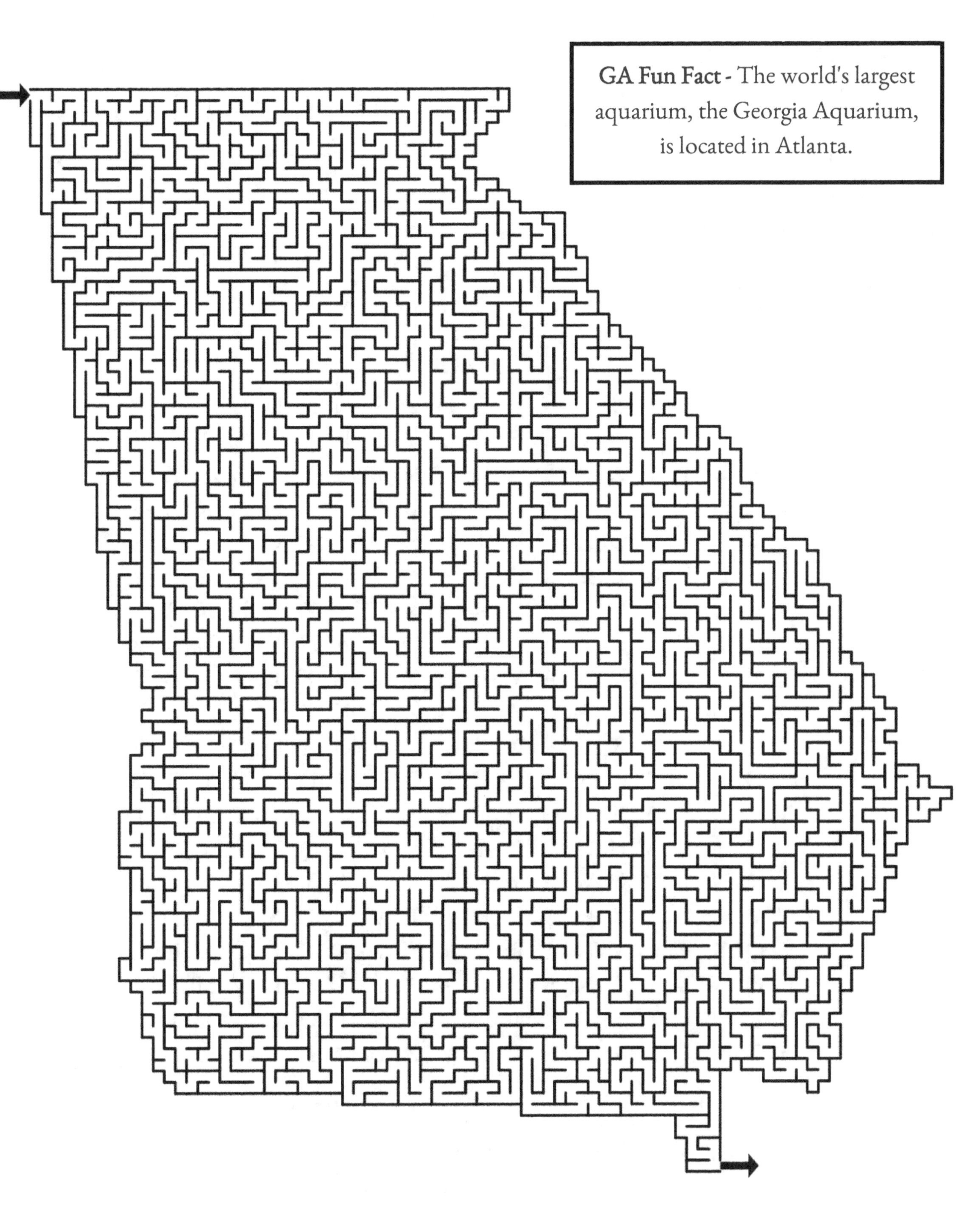

GA Fun Fact - The world's largest aquarium, the Georgia Aquarium, is located in Atlanta.

Hawaii - HI

Entered Union: 1959

Nickname: Aloha State **Motto:**
"Ua mau ke ea o ka aina i ka pono" (The life of the land is perpetuated in righteousness)

Bird: Nene (Hawaiian Goose)

Plant: Yellow Hibiscus

Capital: Honolulu

Hawaii

```
M T S B I B T N M P D Z I H N U D Y P Z
L A C G I Q P L W R C Y S R N L I J E O
U L U I I X X L X G T K B R K N A U A R
W K H N H G Y J F K R B S D K H M X R W
Q F A T A O R Q V I K K B B X C O L L K
W H D L G L G K O L A N J A X T N A H Z
M D O J O U O A G A M K G R Z Z D X A Q
U H S N S H K A E U E D G A H K H N R R
Y B A W O U A A V E H H E C F B E F B L
M L H L L I C G A A Q U K Y A A Z O B
H G I L V X U K W Y M G R O Z D D C R Y
M D L H Z I S L M U E E X B D G O E T B
A C O U A E C G U Q H X E A A T C N H L
U C J K A H U L U I A K G M Q K O J H W
I J N T M U W A I K I K I A Y F V B A O
W F C C W Z H W T K E F M N P S E Z H N
V Q B P C V N I R O J N W A I L U K U U
L Q W A I A N A P A N A P A Q L X M F I
Q K U E Z N I Y U W U L X J O T W X L L
H Z F S P V E N I K V Z U Q E U E M S Z
```

HILO	WAILUKU	KAMEHAMEHA
MAUI	KILAUEA	DIAMONDHEAD
DONHO	WAIKIKI	PEARLHARBOR
ALOHA	HONOLULU	BARACKOBAMA
KAHULUI	MAUNALOA	WAIANAPANAPA

Rotate

HI Fun Fact - The state's official fish is the humuhumunukunukuapua'a, also known as the reef triggerfish.

Iowa - IA

Entered Union: 1846
Nickname: Hawkeye State
Motto: "Our liberties we prize and our rights we will maintain"
Bird: American Goldfinch
Plant: Wild Rose
Capital: Des Moines

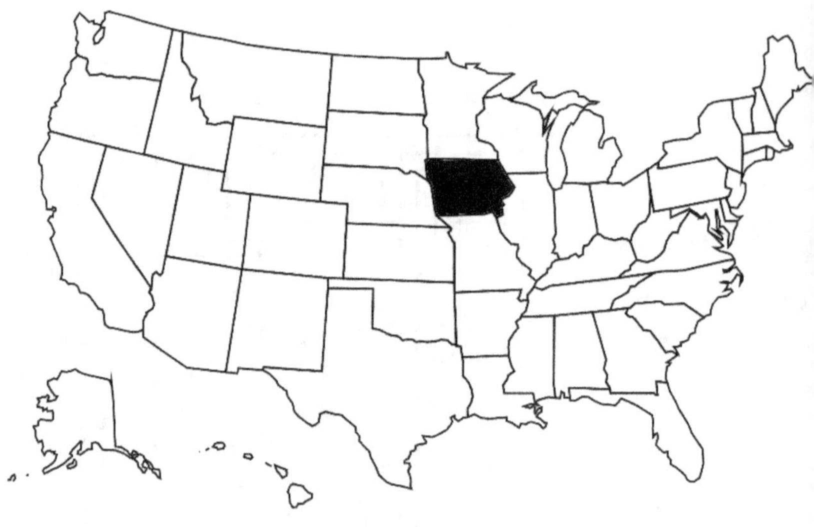

Iowa

```
N D E F F I G Y M O U N D S W K G Y D M
F W G M V D D X W Z H W A T E R L O O K
S L M J Y V Q J Z C E D E S M O I N E S
R O S F R P P O Y N R T B L S P R F K V
J I R J T K U H G T B S O B K R E C G W
H X M X W Z Q N H S E F N Y Y Q T H Z L
Q A T V L Z P D D B R Z N U F B B C J Y
O G S U O W C E H C T A I F T U N T F H
E M B H P M R E T N H R E O T S G M P A
W C S C T O L R J J O A A F L C R U H W
I L I N E O B E G B O V N M F Y A S H K
O H O V T D N F O H V W D C B C N I P E
S Y U X R G A K J A E P C J G L T C A Y
Q V X P M E Q R U T R F L M F O W M L E
T E C T G N Z V R T V V Y Y W N O A L S
Q E I U D W D E M A C M D L M E O N D A
Z H T R S M D Y X W P H E S E S D K R Z
F N Y X B Z N W C K Z I E G W L R J O R
J W J B I M A F I S J T D R K J Y Y G A
X U W J O H N W A Y N E Z S E W G B I Y
```

HYVEE	DESMOINES	CEDARRAPIDS
WATERLOO	GRANTWOOD	EFFIGYMOUNDS
HAWKEYES	SIOUXCITY	ASHTONKUTCHER
CYCLONES	JOHNDEERE	HERBERTHOOVER
MUSICMAN	JOHNWAYNE	BONNIEANDCLYDE

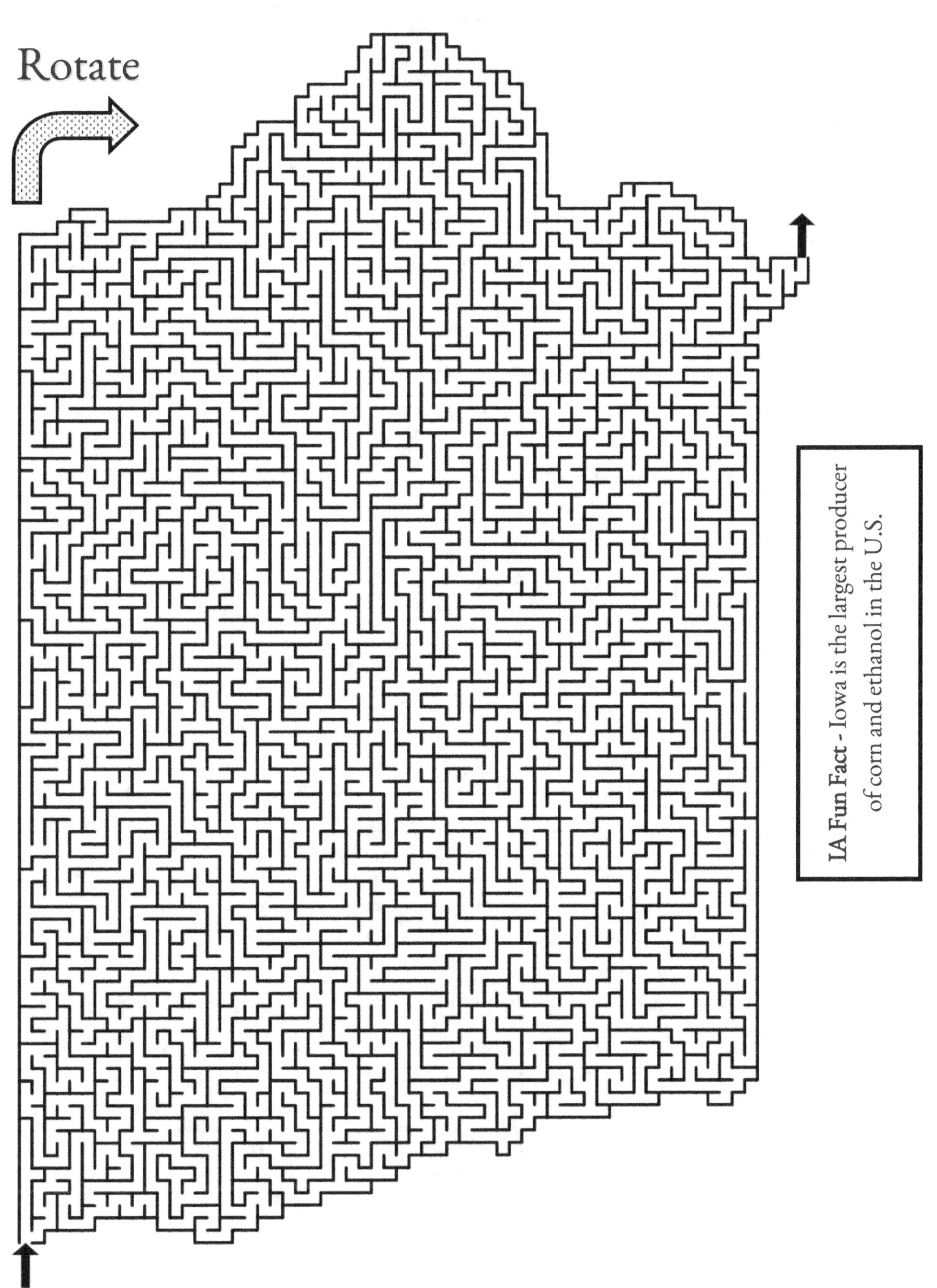

Idaho - ID

Entered Union: 1890
Nickname: Gem State
Motto: "Esto perpetua"
(Let it be perpetual)
Bird: Mountain Bluebird
Plant: Syringa
Capital: Boise

Idaho

```
E  I  D  A  H  O  F  A  L  L  S  G  L  O  Q  N  M  A  V  X
W  A  D  V  Q  J  Z  Y  X  G  R  K  H  T  Q  N  T  B  E  J
V  S  N  B  D  C  O  E  U  R  D  A  L  E  N  E  B  O  S  Q
O  T  A  L  B  E  R  T  S  O  N  S  S  L  L  Q  M  I  O  L
C  Y  K  A  W  R  R  G  Y  L  X  L  H  E  B  U  A  S  T  H
S  P  H  I  L  O  F  A  R  N  S  W  O  R  T  H  B  E  X  J
A  U  N  X  N  Z  J  D  L  Y  P  O  S  W  Z  O  E  S  Q  G
L  Z  Y  P  R  W  A  W  Y  U  W  S  H  C  Y  P  Z  P  L  S
M  S  C  E  J  G  C  S  K  O  Q  Z  O  C  M  O  R  Z  R  E
O  N  H  T  L  Q  X  E  F  P  A  F  N  M  Y  C  A  A  I  Q
N  A  C  E  W  L  H  F  O  A  I  X  E  G  L  A  T  Q  Q  Z
C  K  G  P  L  I  O  B  T  O  S  Y  F  E  Q  T  A  C  K  G
H  E  C  P  S  L  N  W  B  P  B  R  A  S  I  E  F  X  G  I
A  R  G  D  P  R  S  F  S  T  F  Q  L  A  V  L  T  S  T  K
L  I  L  S  M  P  C  C  A  T  U  Z  L  I  X  L  B  P  B  Y
L  V  E  D  Q  O  W  L  A  L  O  O  S  D  U  O  E  U  G  J
I  E  M  A  P  D  S  B  L  N  L  N  V  V  V  H  N  N  L  J
S  R  H  K  S  E  A  C  U  D  Y  S  E  F  X  U  S  C  J  I
F  E  C  M  O  O  M  D  O  R  N  O  P  N  I  K  O  U  W  W
E  P  O  T  A  T  O  E  S  W  D  H  N  X  I  H  N  R  M  M
```

BOISE	SNAKERIVER	HELLSCANYON
MOSCOW	IDAHOFALLS	SALMONCHALLIS
POTATOES	ALBERTSONS	SHOSHONEFALLS
POCATELLO	YELLOWSTONE	EZRATAFTBENSON
TWINFALLS	COEURDALENE	PHILOFARNSWORTH

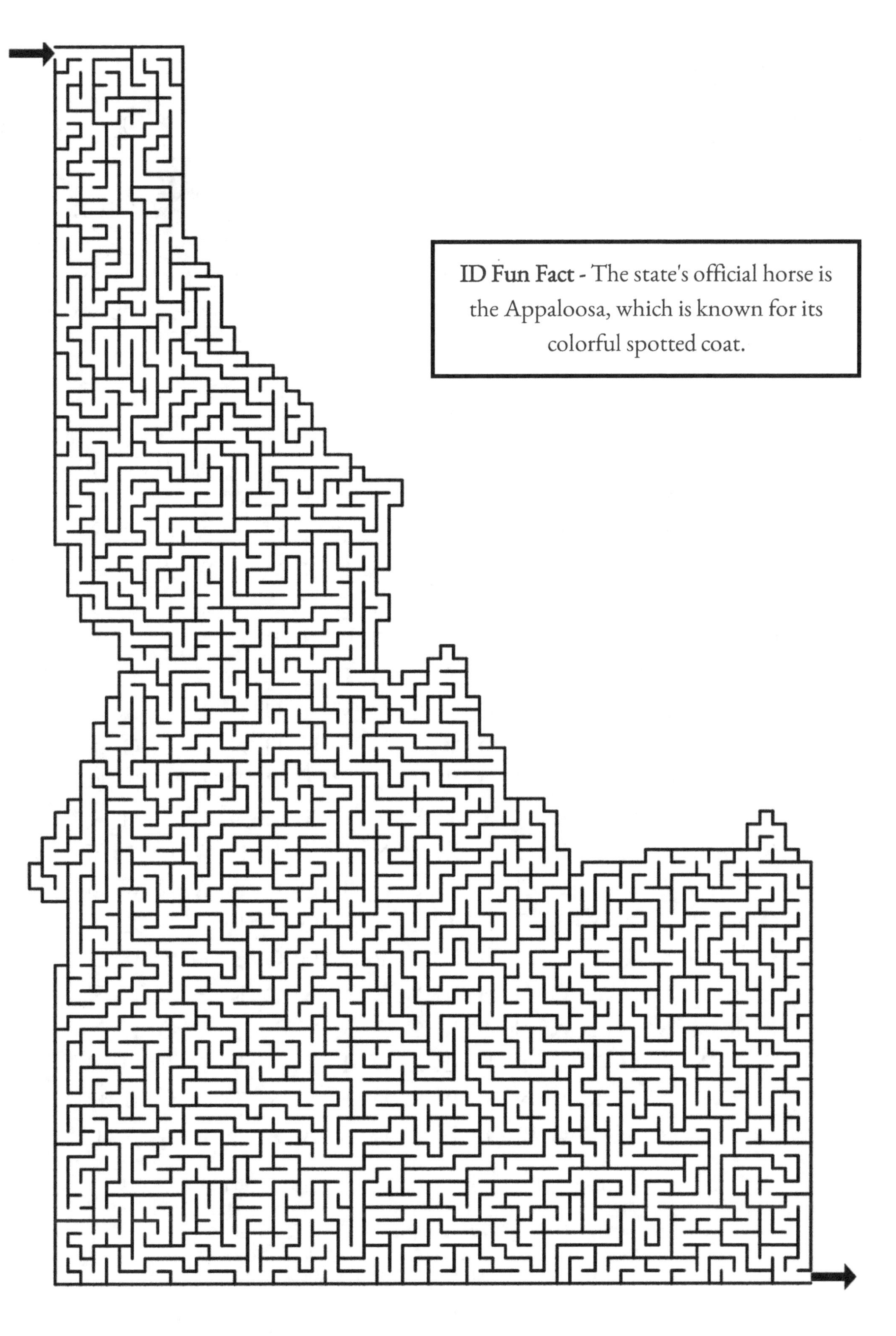

ID Fun Fact - The state's official horse is the Appaloosa, which is known for its colorful spotted coat.

Illinois - IL

Entered Union: 1818
Nickname: Praire State
Motto: "State sovereignty, national union"
Bird: Northern Cardinal
Plant: Violet
Capital: Springfield

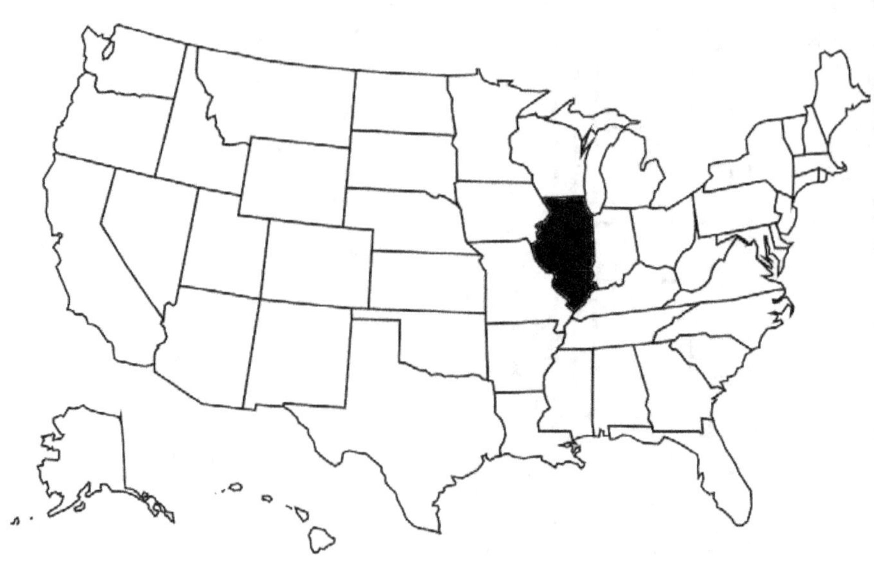

Illinois

```
N A B L Q I H J I C Z J P W Z H I I Y Y
C N K M M A I K C J A S K W S W L I J U
P S D P C S L B A T K T Y S M A L C Z Y
D I I G R B Q O U C W D E X M L W A B B
R O N A L D R E A G A N Z R S T M B U S
G L R Z X C H I C A G O D B P D X B L F
C U B S F M E T R O P O L I S I K L L X
S L C L G E I J C U G C V F U S L I S G
E N P R F O P I Q M J V S U H N P L G J
A B M O J W Q E D S A I N I P E B Y A H
R A G M W O D J Y Y B T F R Z Y P S M R
S D L L A N D O F L I N C O L N W C I T
T G L C M G U Z P J B O T Q H A A N W D
O W V C A Y J O L I E T W O I P U N X I
W A B K I P U R U H Y P I H O Y K I C P
E P D D M H O Z H K Y W N S O K E Q W K
R R H S M Y N N T X C A K M B J G O R Y
S U N A U V O O E L Z U I T K S A P D G
Z T D J L K C X J P R H E S S T N U B H
L S P R I N G F I E L D S A A F L A A E
```

CUBS	WAUKEGAN	SEARSTOWER
BULLS	TWINKIES	SPRINGFIELD
JOLIET	ALCAPONE	CATERPILLAR
NAUVOO	WALTDISNEY	RONALDREAGAN
CHICAGO	METROPOLIS	LANDOFLINCOLN

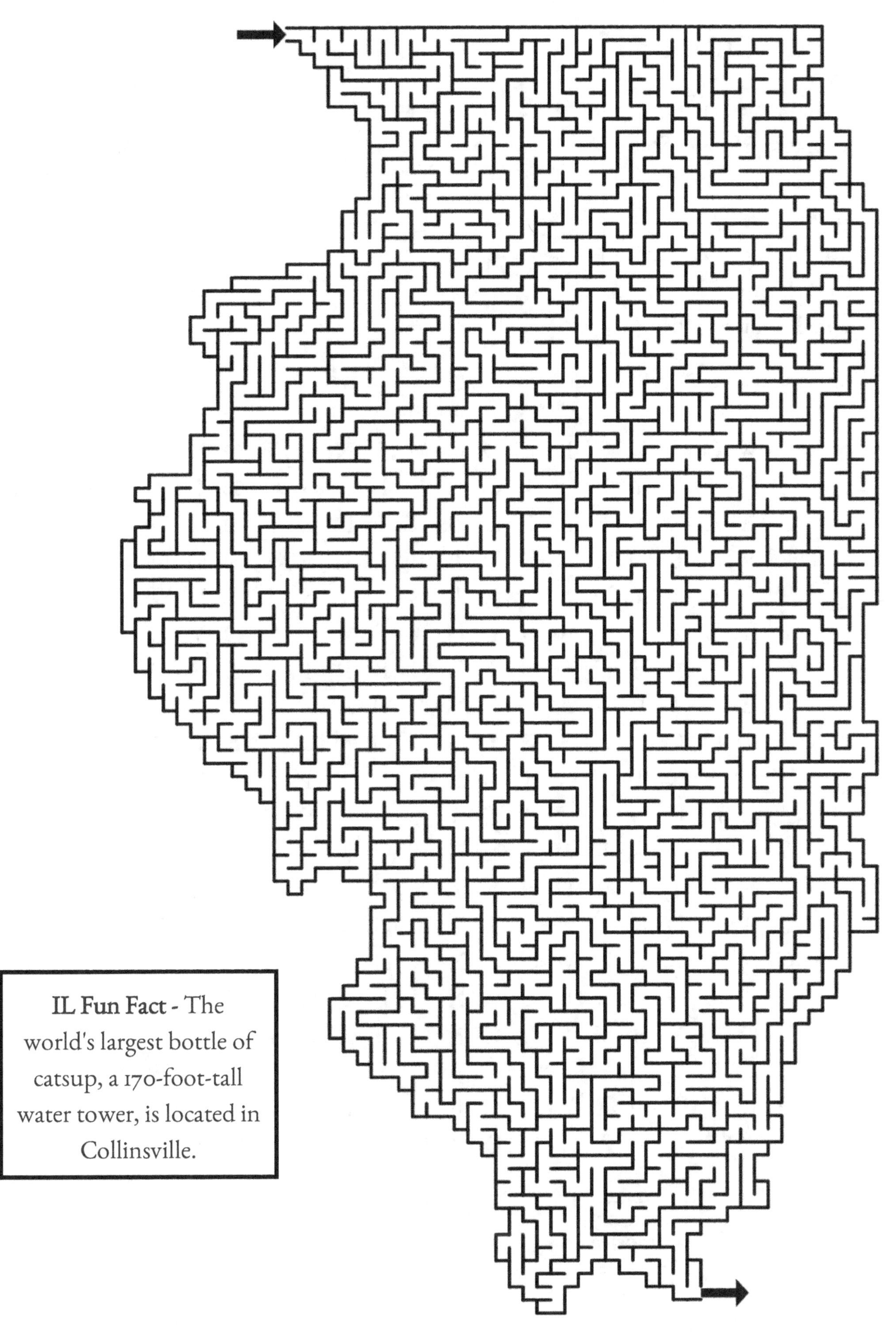

IL Fun Fact - The world's largest bottle of catsup, a 170-foot-tall water tower, is located in Collinsville.

Indiana - IN

Entered Union: 1816
Nickname: Hoosier State
Motto: "The crossroads of America"
Bird: Northern Cardinal
Plant: Peony
Capital: Indianapolis

Indiana

```
D W O E F C B L O O M I N G T O N S H L
C D I P Y B R J Q C F P R S O F E R V B
A A C O V E R E D B R I D G E S V U M Z
R V M B D W D V D E P Y M E W N O N H Q
T I D I I M S O E E Q J J S J F M W O E
F D D X C I A B L H N E E Q C Q V Z L E
O L J M V H D Q I E O B P I S G S C I Y
R E C I L Y A T L M P O A W V Q Y Z D U
T T O C L K B E I Q U O S C M X F Q A I
W T N N J T G R L L S I T I H E G N Y N
A E G U D B C R L J K B B F E E Q O W D
Y R D Q A F A E Y G A U T T S R R T O I
N M Y J F M L H S Z S C E S B X X R R A
E A H D R L U A F C N G K H D K X E L N
G N E P E Z M U J X R H H S X U Z D D A
X A M D P N E T B N V F E H O K H A U P
R O R Y B M T E C R Q B A O T N I M V O
Q C V Y N P Z D C A Q Y F V F Q C E A L
H R Y J D A B U C B I V P U R D U E J I
E M L A A A Z D D Z U C F Q I W S I E S
```

GARY	FORTWAYNE	INDIANAPOLIS
PURDUE	NOTREDAME	HOLIDAYWORLD
HOOSIER	TERREHAUTE	MICHAELJACKSON
CALUMET	BLOOMINGTON	COVEREDBRIDGES
ELILILLY	REDENBACHER	DAVIDLETTERMAN

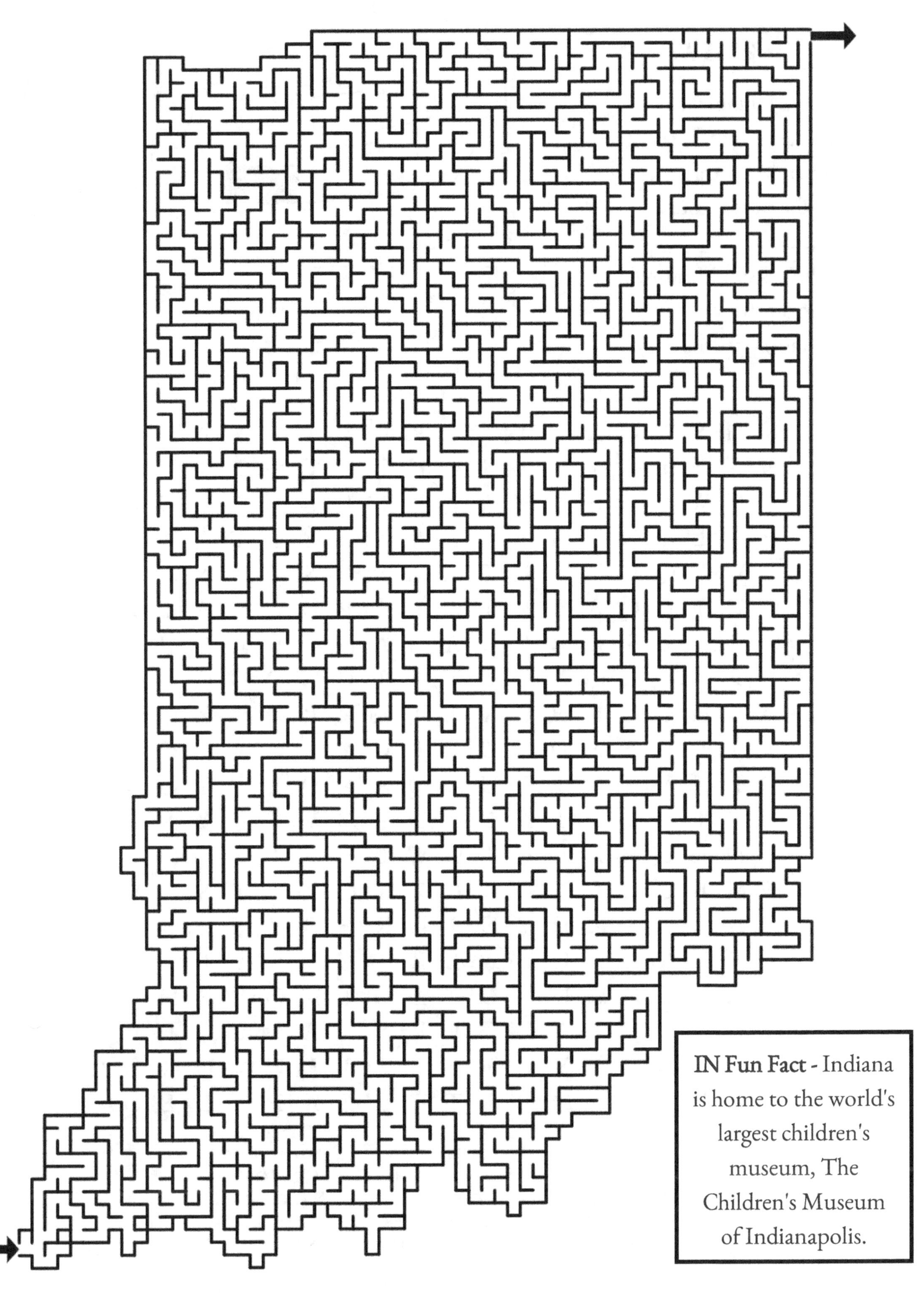

IN Fun Fact - Indiana is home to the world's largest children's museum, The Children's Museum of Indianapolis.

Kansas - KS

Entered Union: 1861
Nickname: Sunflower State
Motto: "Ad astra per aspera"
(To the stars through difficulty)
Bird: Western Meadowlark
Plant: Sunflower
Capital: Topeka

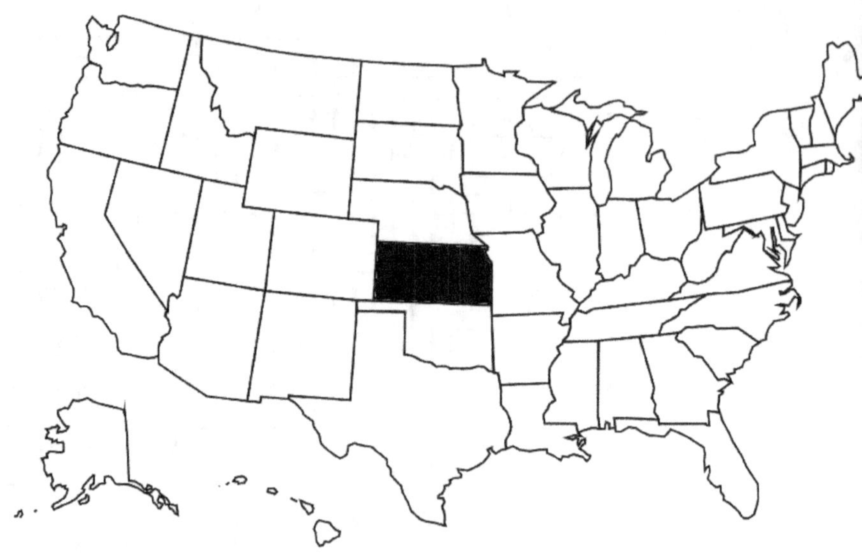

Kansas

```
R H S W Q X T W J U R C F I U Y A H S A
N S S Y Y T R X S U H E G L O Z I F W B
B G W S J A Y H A W K S L F M J F U C G
H F L I N T H I L L S S U Y F T R W R K
Q W Y Q C N P L T M M N U S J W N E O A
O U I U Q A B L Y G F A P D W I A U L V
Q W J Z T O P E K A G A H C D L S U A W
L E W K A Q S K E N E I U N O D G F W M
M K H C Q R H C K C T R H L D C Z O R N
S J E K E N D U U F E C Y S G A J C E S
G P A Y S C J O U S Q R X D E T T O N Q
K F T P Z T I W F I D A M V C S Y S C G
B D E U M X B C I O W F U E I F O M E X
W M B Q C L V S K C Z T O A T T S O M P
R S R U X M H V N J H R H O Y W W S L T
I E I S E N H O W E R I N K K Y F P D J
G R E Y H O U N D U D D T N Q S E H J J
Y G S U N F L O W E R S V A F B J E P T
Q D P M P J V C T F B Z J L U M O R H C
H L L R K S M L I T T L E A P P L E Q U
```

WHEAT	JAYHAWKS	WIZARDOFOZ
TOPEKA	GREYHOUND	SUNFLOWERS
WICHITA	DODGECITY	LITTLEAPPLE
WILDCATS	EISENHOWER	COSMOSPHERE
LAWRENCE	FLINTHILLS	CESSNAAIRCRAFT

Rotate
KS Fun Fact - Kansas is home to the world's largest hand-dug well, located in Greensburg.

Kentucky - KY

Entered Union: 1792
Nickname: Bluegrass State
Motto: "United we stand, divided we fall"
Bird: Northern Cardinal
Plant: Goldenrod
Capital: Frankfort

Kentucky

```
J E F F E R S O N D A V I S W I P R U C
O B O Y O Q W Z B F G M N D C G K O J F
S C O P G N V X J D L A G M H A A Y G E
D L O W N U B C L Y C M M E U B I A H L
O K U L L W Y Q L E D M H C R R N L N I
C T X G O I O S E S F O Y T C A H K S Z
J U W W G N N R W D G T H A H H F F X A
L L M K B E E G T M O H E Z I A I O C B
N E A B B G R L G F G C F Z L M O R P E
S Y X M E L O M S R Q A J S L L X T L T
Q S C I O R U E U A E V M P D I X K O H
Y E C Y N N L E E S N E M N O N L N U T
S U Q S I G G A G K E D N H W C S O I O
Z X B R V S T K N R X U E H N O P X S W
K X N J B B Q H O P D A U M R S L U C V N
G M X X E G D P N N F S V O S N L X I G
H Q R E X H P U U Y W A S L G L F A L O
M N L J S S M H G I W R L F C Y V U L D
T B M U H A M M A D A L I L T N W R E K
D A N I E L B O O N E H Y W S N Y L Z L
```

FORTKNOX	DANIELBOONE	ABRAHAMLINCOLN
LEXINGTON	MUHAMMADALI	COLONELSANDERS
BLUEGRASS	BOWLINGGREEN	CHURCHILLDOWNS
LOUISVILLE	SLUGGERMUSEUM	JEFFERSONDAVIS
MAMMOTHCAVE	ELIZABETHTOWN	CUMBERLANDFALLS

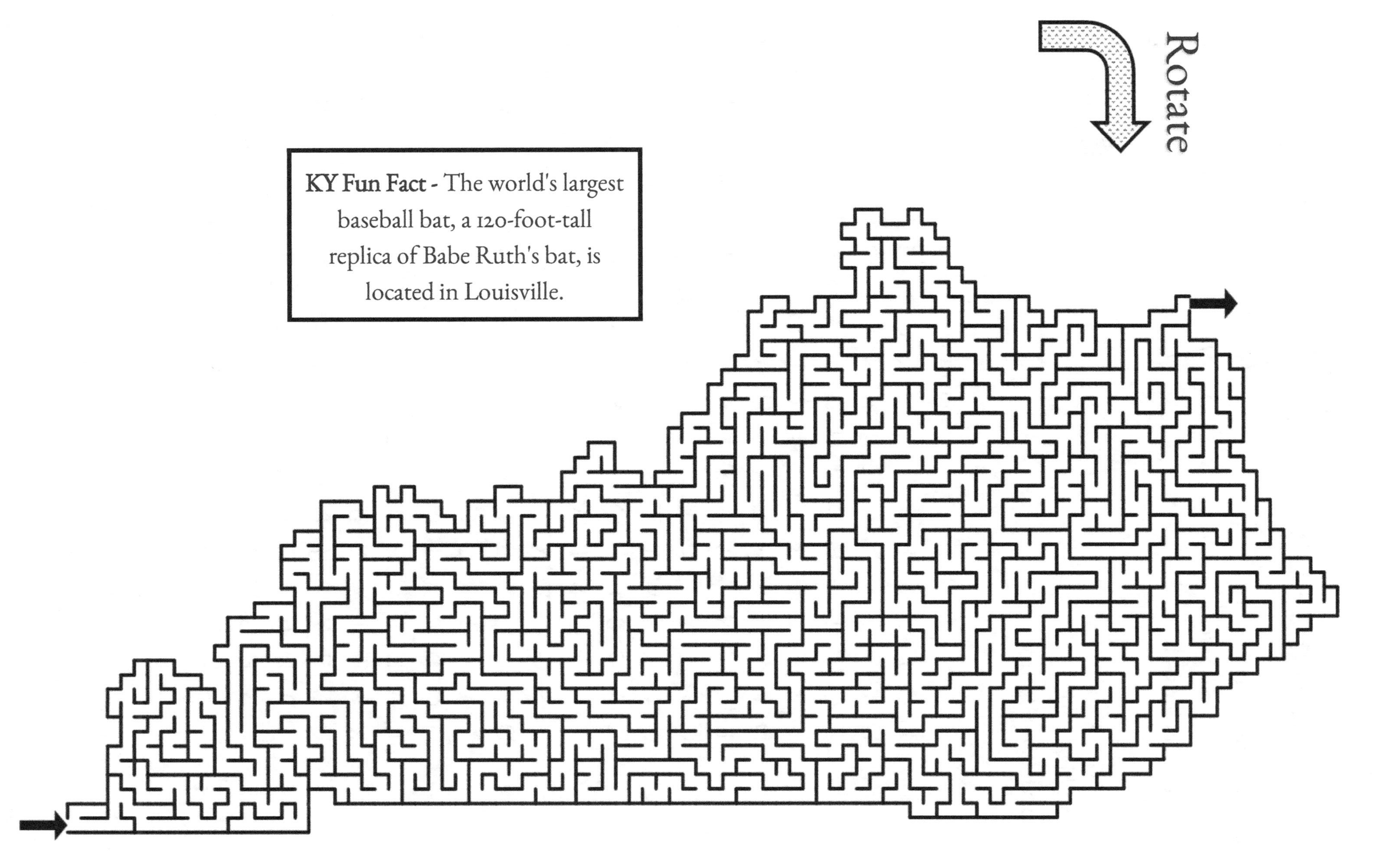

KY Fun Fact - The world's largest baseball bat, a 120-foot-tall replica of Babe Ruth's bat, is located in Louisville.

Rotate

Louisiana - LA

Entered Union: 1812
Nickname: Pelican State
Motto: "Union, justice, and confidence"
Bird: Eastern Brown Pelican
Plant: Magnolia
Capital: Baton Rouge

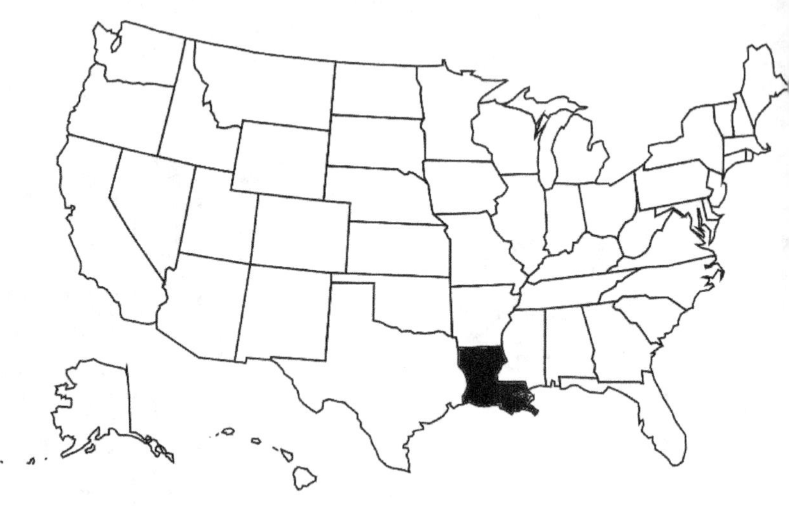

Louisiana

```
F Q E S S E S Y S J K U K H Z B F R V G
U I R T V D S H R E V E P O R T P I A I
Z Q I I N H B O U R B O N S T R E E T M
Y P F Z C R Y Y J I I E S Q D T W U P D
D E P X W H L A M U A V K J J R V O R M
E L M N Q W A W Y A O P D I B A Y O U L
C I A Y X P N R V N E W O R L E A N S L
O C R Z W Y T X D T E G C W B R N O F D
K A D B C K Q S O S S A I N T S Y E N W
T N I B S F A C O D I L A F A Y E T T E
T S G L W X S Y R T U M Q H I V L S W O
D M R H S L L F I E E G M A J H P M A A
J Y A T R O U G A R O U H O S N X A V T
M O S P A S C H K O T L Q W N X X X H E
L A K E C H A R L E S M E T F S N C D G
K W T I W O B I D R J V U R G I K W F I
U C P Y P J D C B A T O N R O U G E M H
J W D C F A R H J V Z S Q T K W C U T H
C N K S M A B P D N X M K B P Q B H X K
C W D T L O U I S A R M S T R O N G Q N
```

BAYOU	PELICANS	SHREVEPORT
CREOLE	LAFAYETTE	LAKECHARLES
SAINTS	MARDIGRAS	BOURBONSTREET
ZYDECO	NEWORLEANS	LOUISARMSTRONG
ROUGAROU	BATONROUGE	RICHARDSIMMONS

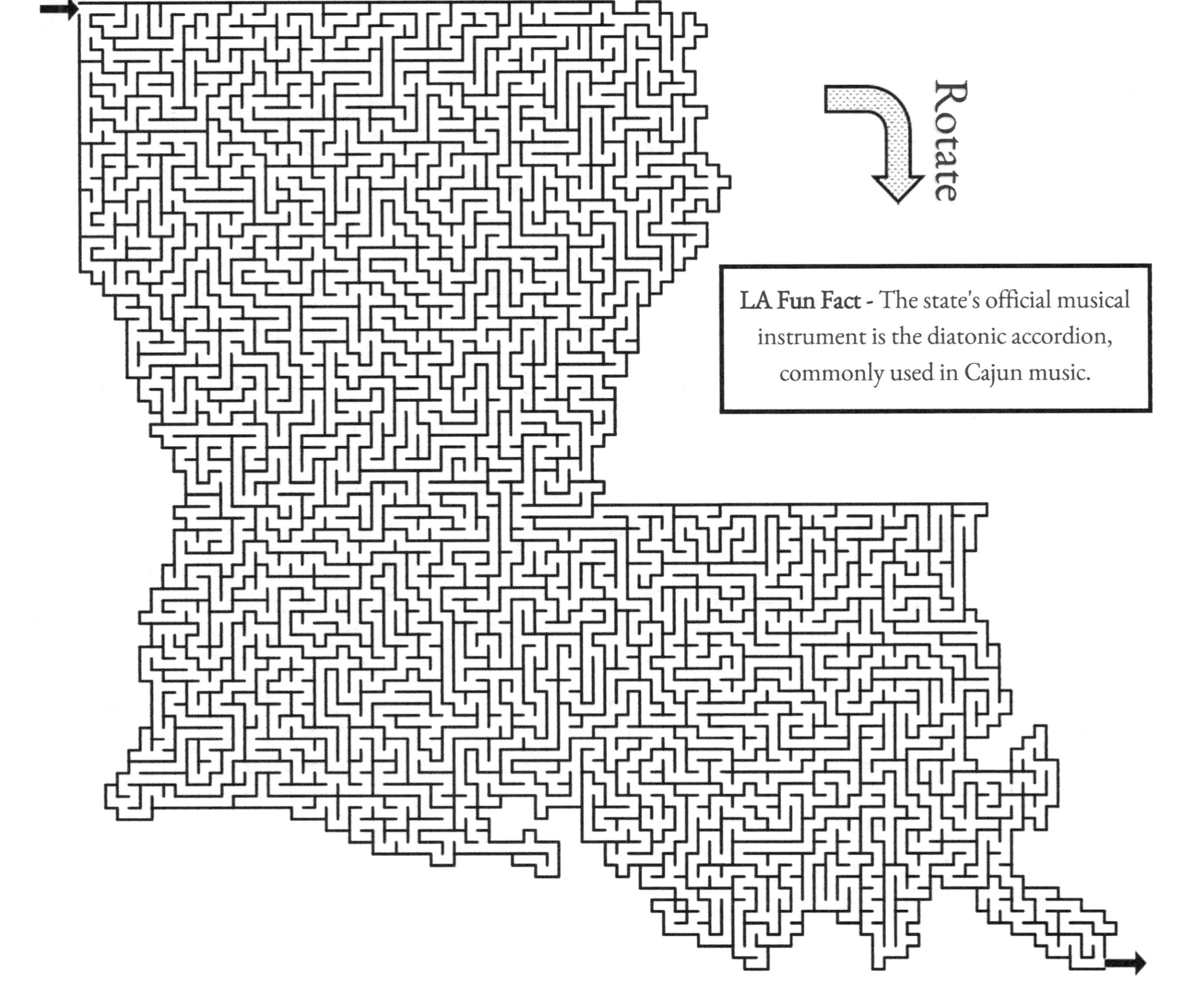

Rotate

LA Fun Fact - The state's official musical instrument is the diatonic accordion, commonly used in Cajun music.

Massachusetts - MA

Entered Union: 1788
Nickname: Bay State
Motto: "Ense petit placidam sub libertate quietem" (By the sword we seek peace, but peace only under liberty)
Bird: Black-capped Chickadee
Plant: Mayflower
Capital: Boston

Massachusetts

```
T H Y J O H N A D A M S Q W O U V P Q Y
B M Z K T N J R V G A X V T X O T Z Y Z
P L Y M O U T H R O C K S F Y J C M D Y
B U W D G W N S U S A N B A N T H O N Y
H Z J X R F E R C A L A O E Z M D R S B
A A U O M E N T Q Y P T E L H E V F V B
R K N E A K Y A E Y C D L G U E H Z W
V M I T R B Z S N M X I G C U P O H Q T
A C R D T O Q W N T O B M Q E A B Y W Z
R D E V H S C C A U U U N S D T O T V X
D H C C A T A N B F F C F V C R S T J D
G A H E S O P F X H I C K C K I T D X F
Q P I L V N E K K G S M T E U O O R Z Z
N B T T I R C W E Z X M E V T T N U M X
W X A I N E O T C R J L C T R S U G L O
Y L O C E D D S P R I N G F I E L D L N
H I R S Y S G F E L A Y T E A P A R T Y
Y Y V V A O S A L E M Z O Y R X J T R B
N Y N C R X W Y Q H L X P D E V I P W G
N U B J D U Q H L O R E G T S E G U A F
```

MIT	CAPECOD	SPRINGFIELD
SALEM	TEAPARTY	PLYMOUTHROCK
BOSTON	PATRIOTS	BOSTONREDSOX
HARVARD	NANTUCKET	SUSANBANTHONY
CELTICS	JOHNADAMS	MARTHASVINEYARD

Rotate

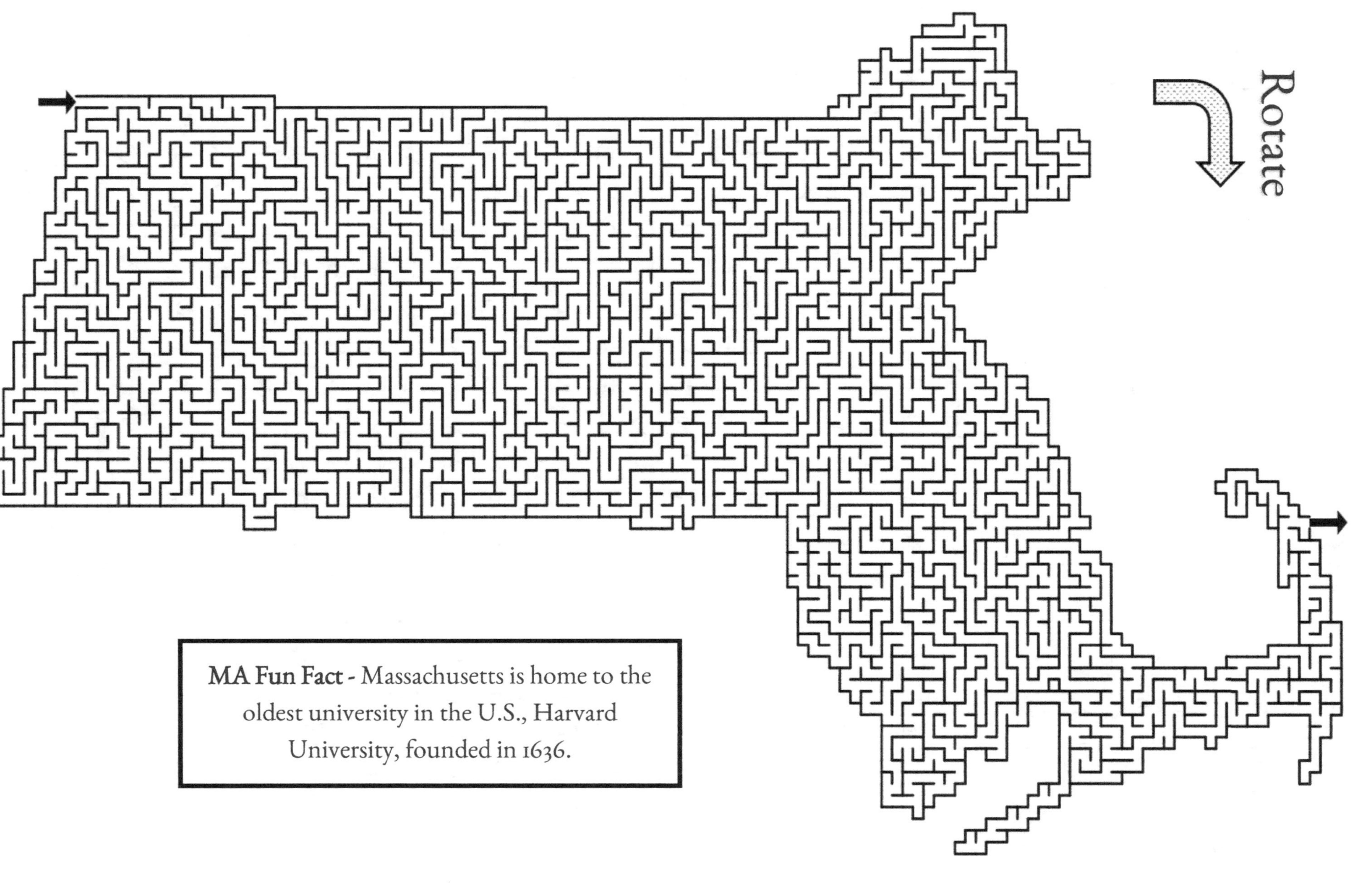

MA Fun Fact - Massachusetts is home to the oldest university in the U.S., Harvard University, founded in 1636.

Maryland - MD

Entered Union: 1788
Nickname: Old Line State
Motto: " Fatti maschii, parole femine"
(Manly deeds, womanly words)
Bird: Baltimore Oriole
Plant: Black-eyed Susan
Capital: Annapolis

Maryland

```
H L N J O H N S H O P K I N S B H T K H
L J M O U N T V E R N O N I D U V R M Y
P V C L S I L M J V L D Z A R H M E J U
Y T C J D K N I Y G B E K E T G H E Z O
P C P I L B M C O B K A C D S O I B J R
G H V L Q Y V H L D A W B C H H G B N I
N E F N C V V A D N W L H E Y Y L Q N O
T S S W Z N I E L Q L E T T R I G B P L
G A M C D A I L I Q D E L I Q U B T P E
A P A E G N Y P N Y K X L S M O T X W S
I E H F C J U H E P M Y Q V O O T H Z A
T A J A U Z B E Y F O W D Z U O R R I M
H K O R Q R R L A M G N K W I Z P E I Z
E E Z A J U Z P K T E Y Q H X K W P T I
R B D V K A U S S I L V E R S P R I N G
S A T E R R A P I N S K M B X X Y G W O
B Y A N N A P O L I S O W O X Q N H J S
U G Z S Z E K W U E F X O G S Z T U X Q
R H A R R I E T T U B M A N S D N H R K
G V P B I W A L D O R F W L A D L A H V
```

RAVENS	BALTIMORE	GAITHERSBURG
OLDLINE	ANNAPOLIS	JOHNSHOPKINS
WALDORF	TERRAPINS	MICHAELPHELPS
ORIOLES	MOUNTVERNON	HARRIETTUBMAN
BABERUTH	SILVERSPRING	CHESAPEAKEBAY

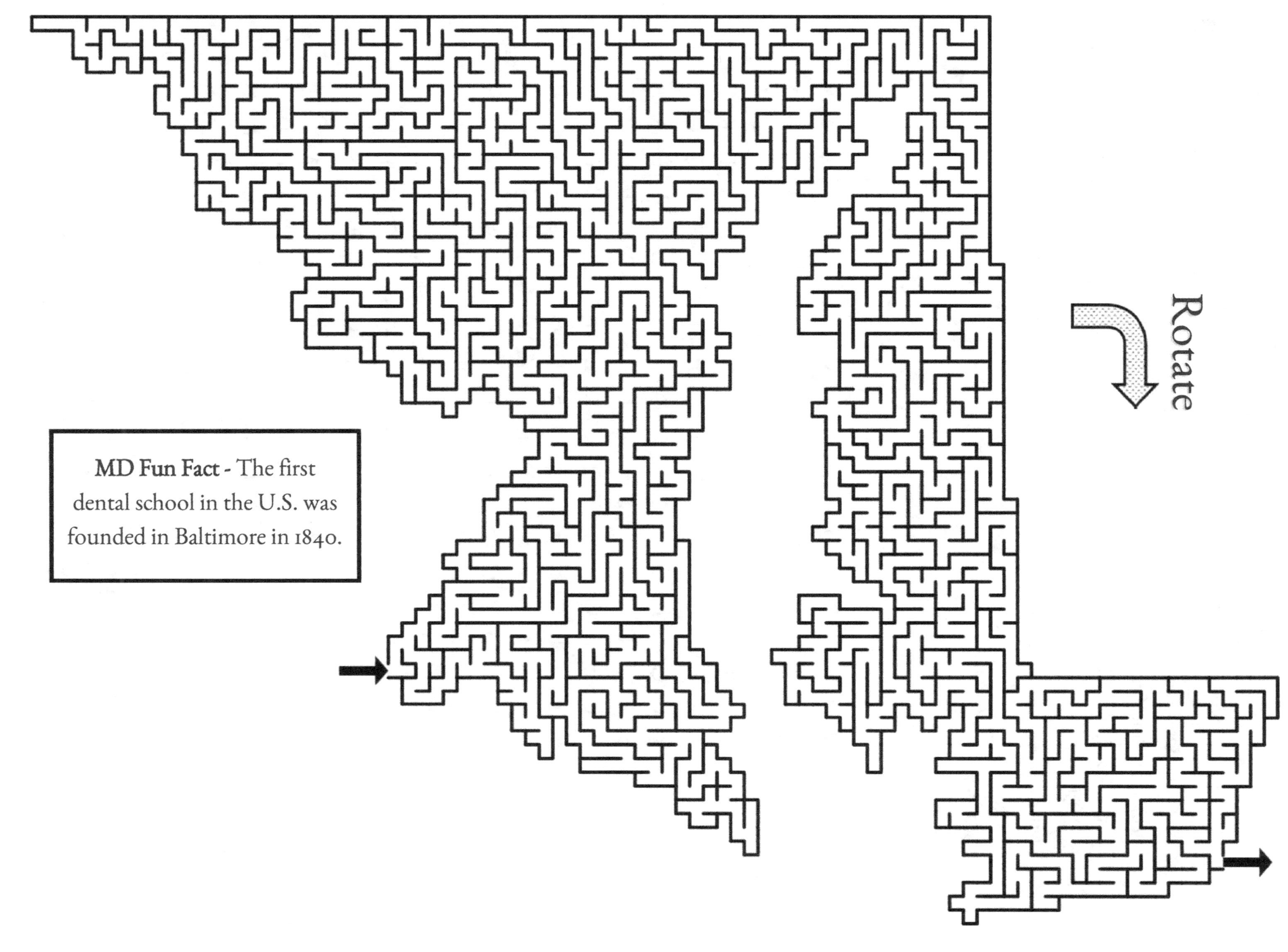

MD Fun Fact - The first dental school in the U.S. was founded in Baltimore in 1840.

Rotate

Maine - ME

Entered Union: 1820
Nickname: Pine Tree State
Motto: "Dirigo" (I direct)
Bird: Black-capped Chickadee
Plant: White Pine Cone and Tassel
Capital: Augusta

Maine

```
W Q V B H Z O C D G J V E H A D J Z T J
K K S O U T H P O R T L A N D R I R J N
G U Z R Q Q M S X M H A P O J L S Q L W
A K K P J V Z A E R J S Y B S E R P V B
I A E C O G O V G E J P Q A T R C G C L
Y C G N M O Q I N Q M F A N E E E D A A
F A W T N A F W P L L K R G P D P U U C
H D F X O E I W V U K L D O H C Y C G K
P I D L C U B H I Q B I V R E L X X U B
H A M I I I M U D L Z Y D G N A E B S E
V N A M X G Q T N O L H H B K W K F T A
E A P A J G H U K K R B Q P I S L S A R
X T L H P P V T O A P O E Y N E N W I S
U L E B J O P N H H T O T A G G U P H F
U P S L F R E S Z O V A R H N H L N F S
C A Y B H T A G U X U O H T E P Y Y F M
F R R L H L U T M P E S R D T A X R P F
C K U C L A V E M C F T E X I D D H M C
G R P O M N L O B S T E R S C N W I G V
I W A A Q D Y S F D U H O P M B S S X U
```

BANGOR	REDCLAWS	LIGHTHOUSES
LLBEAN	MAPLESYRUP	DOROTHEADIX
AUGUSTA	MTKATAHDIN	SOUTHPORTLAND
LOBSTER	BLACKBEARS	KENNEBUNKPORT
PORTLAND	STEPHENKING	ACADIANATLPARK

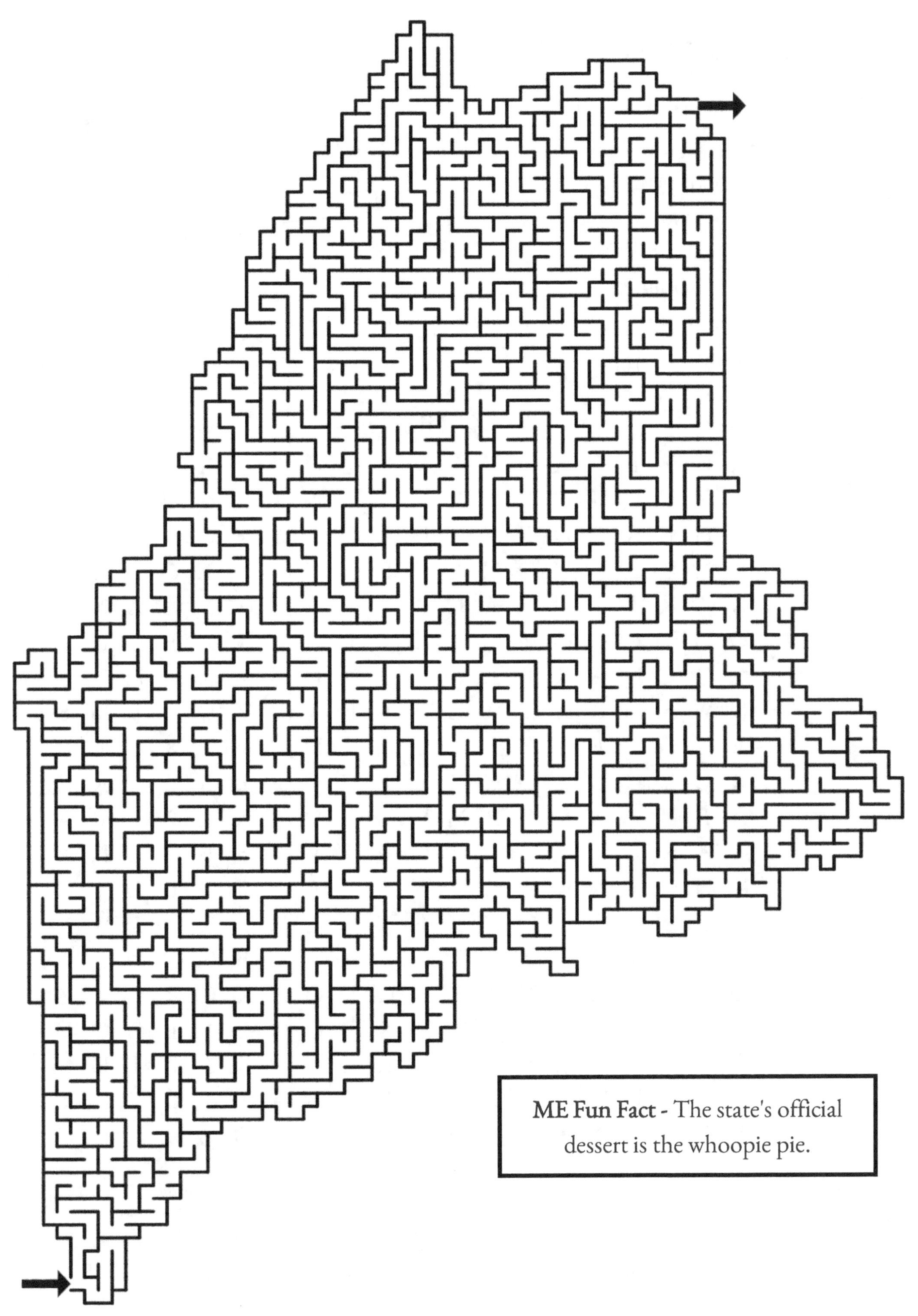

ME Fun Fact - The state's official
dessert is the whoopie pie.

Michigan - MI

Entered Union: 1837
Nickname: Great Lakes State
Motto: "Si quaeris peninsulam amoenam, circumspice" (If you seek a pleasant peninsula, look about you)
Bird: American Robin
Plant: Apple Blossom
Capital: Lansing

Michigan

```
R G F E L A Y Y Y V V Z O Y R X J T R B
N Y N C W U P P E R P E N I N S U L A Y
Q H L X P D E V I H E N R Y F O R D P W
G N U B J U Q H L O R E G T S E G U A F
K I R I Y U M A C K I N A C I S L A N D
G M T C C Q J Q K L F L I N T Z E C H P
E Q C H A R L E S L I N D B E R G H Y U
N W S M R A Y W G B E R J V Z D I P M B
E S D O E S C F I C N F H P M E X G L R
R C E D D E D C K L F G C P B A B X R O
A L T Z W K C R M M L I U Z N R B K P A
L A R Z I V L R Y O P I V B S B G E H Y
M N O I N W A K T S T Y A S C O B L J O
O S I J G D O X F E X O E M Z R J L W Y
T I T Y S R Z R Y G P H W C B N Q O R W
O N I Q A N N A R B O R O N K O R G X Z
R G B A O Y F S W K S F G Q E Y E G Q V
S W X L E A B V W G R A N D R A P I D S
K M K U D I U F I I E O B A Z T G F N J
L E Z H A W S F W U A T E N D Z R L U G
```

FLINT	ANNARBOR	WILLIAMBOEING
MOTOWN	DEARBORN	GENERALMOTORS
DETROIT	REDWINGS	UPPERPENINSULA
LANSING	HENRYFORD	MACKINACISLAND
KELLOGG	GRANDRAPIDS	CHARLESLINDBERGH

MI Fun Fact - The state's official stone is the Petoskey stone, which is actually a fossilized coral.

Minnesota - MN

Entered Union: 1858
Nickname: North Star State
Motto: "L'Étoile du Nord" (The Star of the North)
Bird: Common Loon
Plant: Lady Slipper
Capital: St. Paul

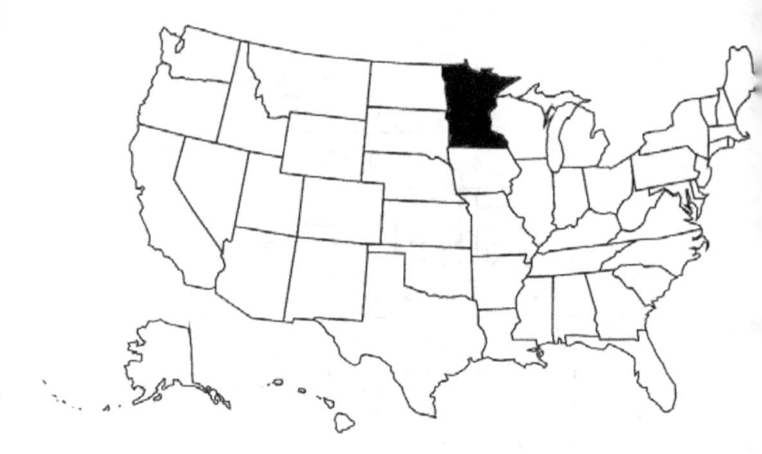

Minnesota

```
C H A R L E S S C H U L Z Q X L L E I E
A X V T C J Q F B F V B Z R X Y A P Z S
V G W W S I Y S L F M A T D X E N R H B
G I I I D E K C O N U Q I V D P D I A O
S O V N A M L O O M K G I C U P O N H U
I C I S H I B T M A F E F N L K L C O N
W O K S G N B T I L S T P A U L A E N D
X J I J N N K F N L C B K N T L K Q W A
O F N D W E I I G O K Y N P H D E B Z R
S X G N L A E T T F P Y B Y I O S J K Y
P T S Y B P J Z O A U Q P Y M X J K L W
Y O N X H O K G N M L S T O A R P Z Z A
E I K U C L I E V E M D M A B B Y Z K T
J L J Y Y I H R G R J S Z Y R T Q O T E
Q S B A M S D A J I I P M U R G O T R R
Z D D I B C P L I C L I H K B Y E Y U S
O Q W P C A Z D K A Q M F H A Y Z T A B
D I D T I M B E R W O L V E S F Y L R G
S B H Q Z C F Q Y V T Y U E P G J X H H
W H J Z Q M F M A Y O C L I N I C O Y W
```

TWINS	VIKINGS	TIMBERWOLVES
STPAUL	MAYOCLINIC	MALLOFAMERICA
DULUTH	LANDOLAKES	CHARLESSCHULZ
PRINCE	MINNEAPOLIS	BOUNDARYWATERS
TARGET	BLOOMINGTON	FSCOTTFITZGERALD

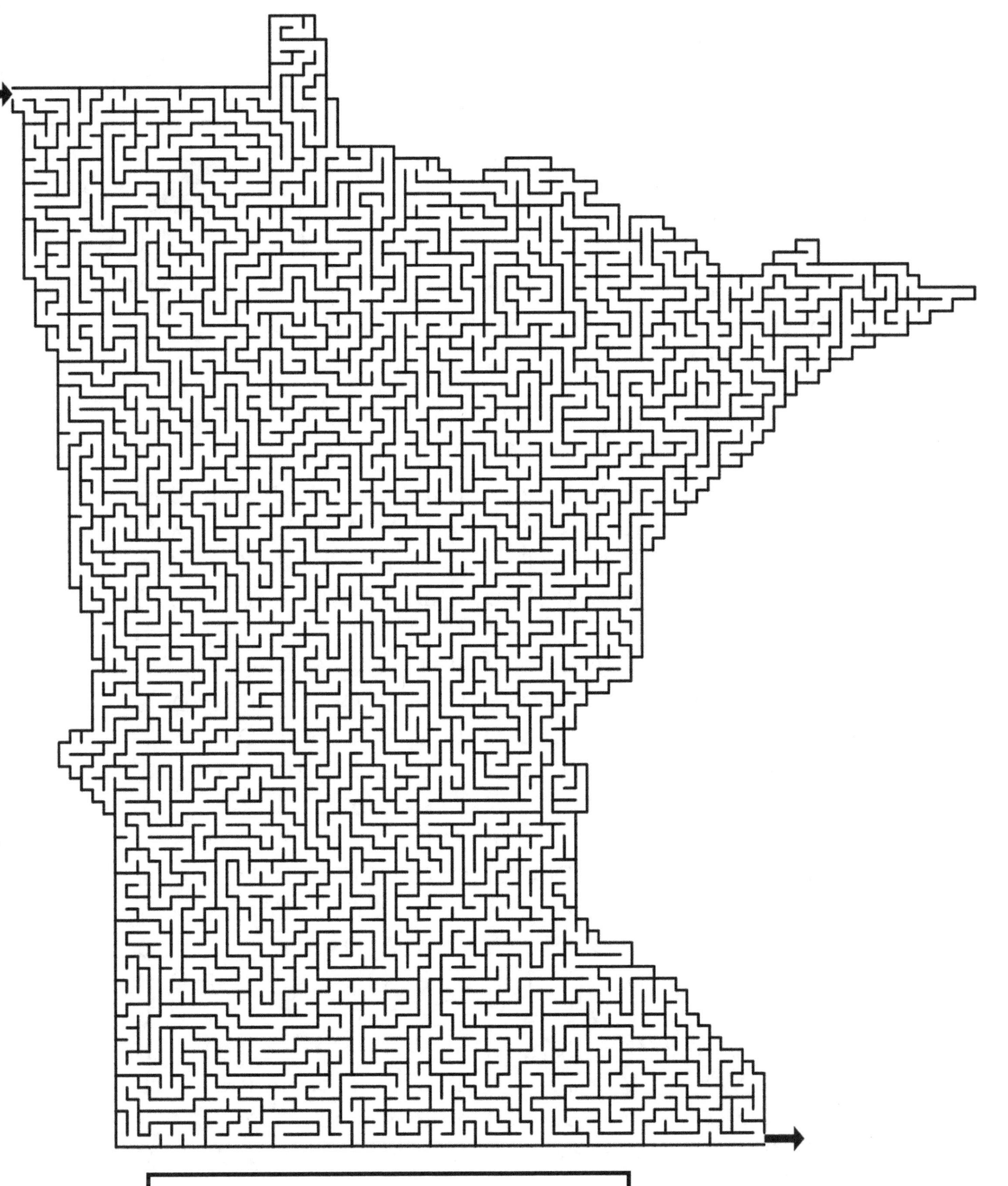

MN Fun Fact - The world's largest twine ball, created by one person, is located in Darwin.

Missouri - MO

Entered Union: 1821
Nickname: Show-me State
Motto: "Salus populi suprema lex esto" (Let the welfare of the people be the supreme law)
Bird: Eastern Bluebird
Plant: Hawthorn
Capital: Jefferson City

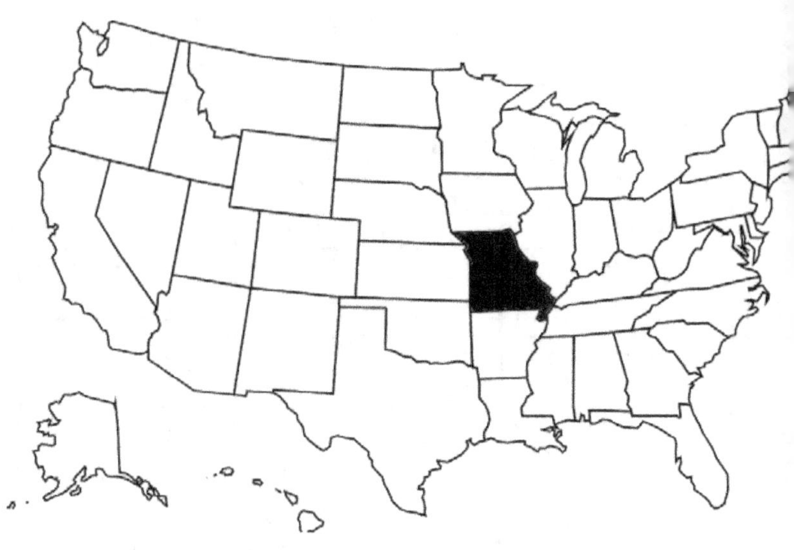

Missouri

```
A L X A Y E N H P O W D I E L U R P D T
X H H H A R R Y S T R U M A N Q O H X H
S L E H W E T T F C H I E F S R X T Z N
H T A V Q P C O L U M B I A J A B K S Q
L O L K L O V T E K B C R F E J O K C H
P E T O E F I T S Q P I G Q S J Q I M A
E U W O U O B A O S K P U C S V D Q A G
F F Y I V I F R Z D E T V U E I D R Y A
B Y N R S H S T A N W B C W J Q V O A T
G F Q J B A T K H N Z H Z X A D Z Y A E
A H T W C C N Z A E S D B N M V I A N W
B R K D N A Z D U N O O G P E D H L G A
J D P J B S J C C Z S Z N C S Y C S E Y
E Y F F L B O M S L Y A A Q G Z Q A L A
F F E N O H C X I U A G S R L U J J O R
W N H C T T D H G W G R X C K C F N U C
C L C A R D I N A L S S K H I S Y H O H
A F X V M I M A R K T W A I N T P V S L
I A N C T R J A N Q X P V L S G Y E Z F
L O F R L P O N Y E X P R E S S B D U Q
```

CHIEFS	MARKTWAIN	PONYEXPRESS
ROYALS	CARDINALS	MAYAANGELOU
STLOUIS	KANSASCITY	HARRYSTRUMAN
BRANSON	JESSEJAMES	LEWISANDCLARK
COLUMBIA	GATEWAYARCH	LAKEOFTHEOZARKS

MO Fun Fact - Missouri is home to the
Gateway Arch in St. Louis, the tallest
man-made monument in the U.S.

Mississippi - MS

Entered Union: 1817
Nickname: Magnolia State
Motto: "Virtute et armis" (By valor and arms)
Bird: Northern Mockingbird
Plant: Magnolia
Capital: Jackson

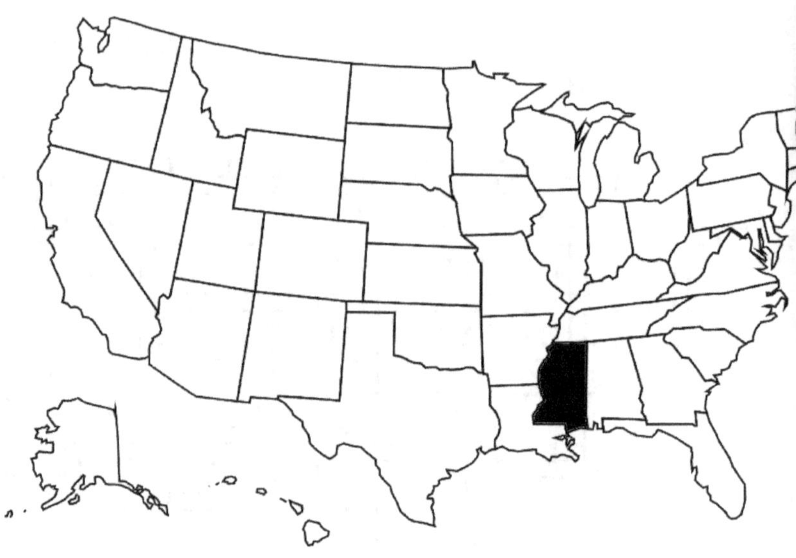

Mississippi

```
J V Q B P C V N I R O J N U L Q Q L X M
F I I Q K U E Z N I Y U W U L X S J O T
W X M L L H Z F S P V E N I K V A Z U Q
E U E H M S Z I M M K G W Z Z T N X H L
E E R K E K X Z G A D B N E O L D J A O
G G A E S N A E F G E T D L N G E O T R
U C U O D U S V L N L F A V P P R K T E
N B P L Q B O O C O T F A I L U S H I B
L M I H F Q L R N L A B T S F H O I E E
Z K J L W C V U T I B F H P Z G N X S L
O Q A K O D O I F A L H Z R F M F A B S
C R C G H X D A C F U T P E T L A Q U N
A Q K Y V Q I I S K E R K S O Z R J R V
T W S Y L G B T F T S H G L F Z M N G N
F D O G C W R T K I R B F E Z A S X K P
I W N U K S S W Y U P E U Y C V K B I X
S E P Z B G T M P K R P L R O A A L U K
H O P R A H W I N F R E Y D G N G C I V
G K R R M Z O R P O T W H F L S W B D L
B D B B K I N G W W O A J V C R Q J C I
```

BBKING	MAGNOLIA	DELTABLUES
BILOXI	REDBLUFF	HATTIESBURG
REBELS	GULFCOAST	ELVISPRESLEY
JACKSON	JIMHENSON	OPRAHWINFREY
CATFISH	VICKSBURG	SANDERSONFARMS

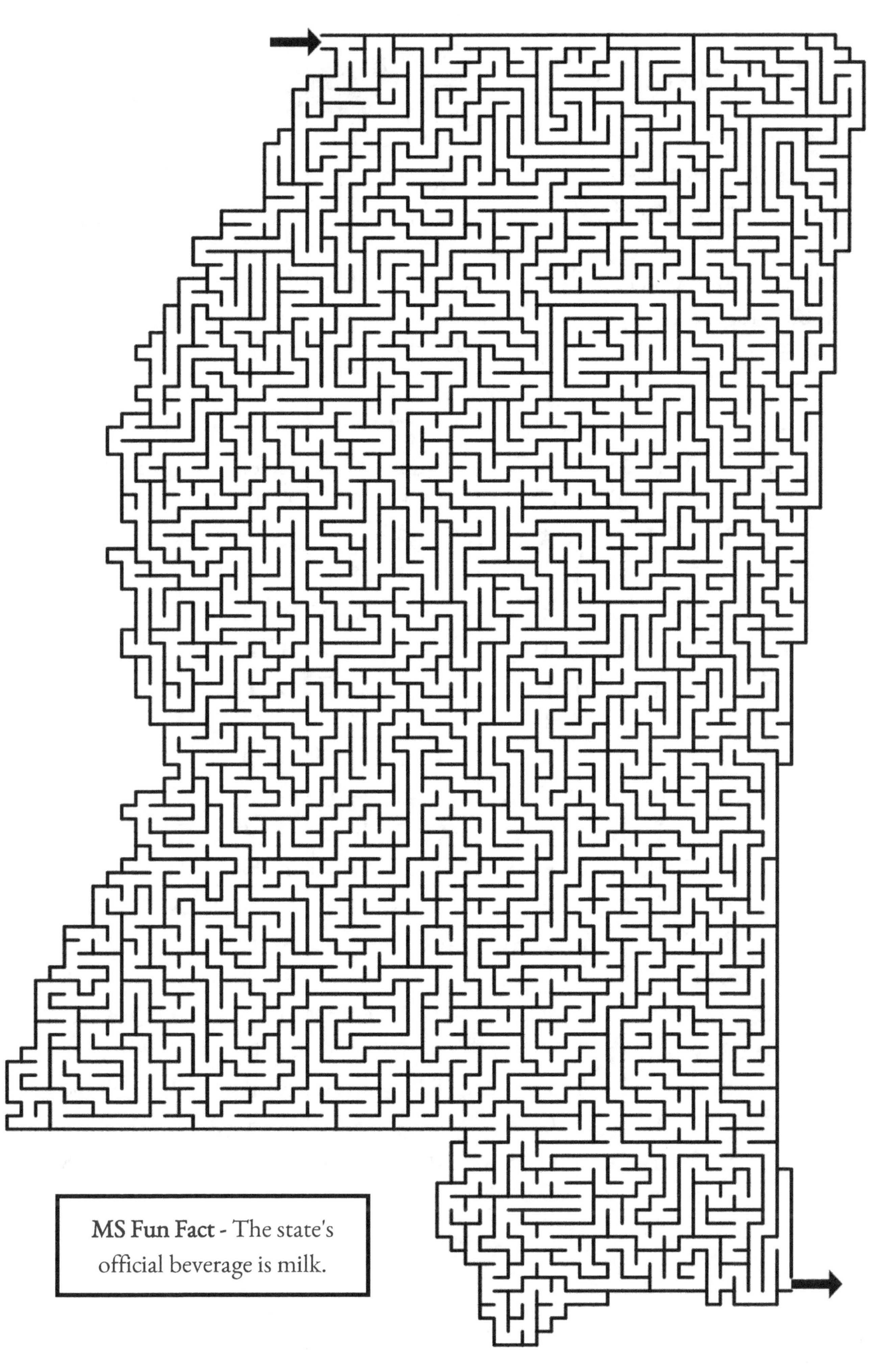

MS Fun Fact - The state's
official beverage is milk.

Montana - MT

Entered Union: 1889
Nickname: Treasure State
Motto: "Oro y plata" (Gold and silver)
Bird: Western Meadowlark
Plant: Bitterroot
Capital: Helena

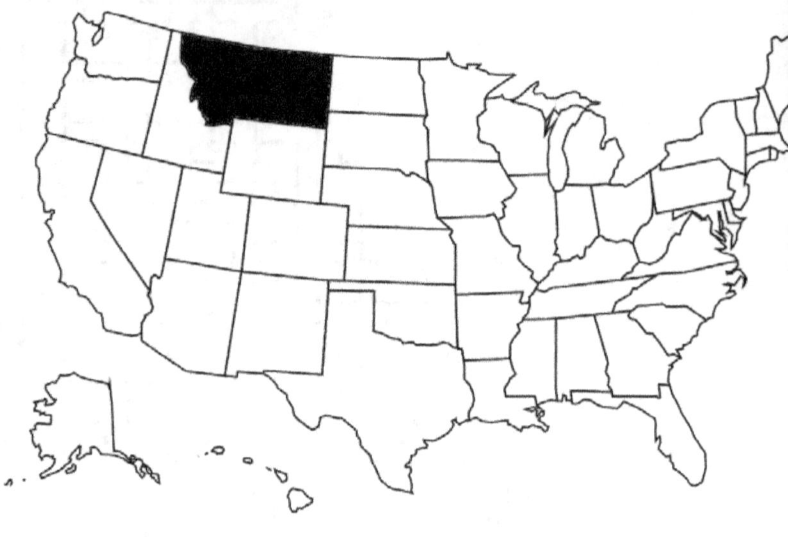

Montana

```
B A Q P M D A V I D L Y N C H E Q T F M
F E L T T G N Z V V H E L E N A V L Y W
L Q R U J E A N N E T T E R A N K I N D
W D E K M M L M D A Z H R S M D Y T X W
B S E K E R Z F N X B Z N W C K Z T G W
L I R J O L R J W J B I M A F I S L J T
K J L Y Y M E G G R I Z Z L I E S E A X
U W Z L E W I Y G B I B I S O N Y B K E
W Q T S I Z V S P B L V H U O R N I Z V
A M X H N N V B S I J V G G B H O G A E
S L Q L E P G H F O T B D M V S E H J L
R F V P M I K S O S U G U Y H C M O H K
U X Y G G R E A T F A L L S B N N R H N
O R U K J Y T A D O Q Q A X B E Q N H I
Z G L A C I E R N A T L P A R K P P B E
C W V Z V B B I P J X G D H P C A Q G V
P H W N I B B I G S K Y C O U N T R Y E
E P A T K A L I S P E L L E B V B W V L
W Y W F N G C T J K J M L Z S A G P O P
Q S E Y O G O S A P P H I R E S Q L J S
```

BISON	GRIZZLIES	BIGSKYCOUNTRY
HELENA	GREATFALLS	YOGOSAPPHIRES
BILLINGS	DAVIDLYNCH	LITTLEBIGHORN
MISSOULA	BERKELEYPIT	JEANNETTERANKIN
KALISPELL	EVELKNIEVEL	GLACIERNATLPARK

MT Fun Fact - Montana is nicknamed "Big Sky Country" because of its vast, open landscapes and beautiful skies.

Rotate

North Carolina - NC

Entered Union: 1789

Nickname: Tar Heel State

Motto: "Esse quam videri" (To be rather than to seem)

Bird: Northern Cardinal

Plant: Flowering Dogwood

Capital: Raleigh

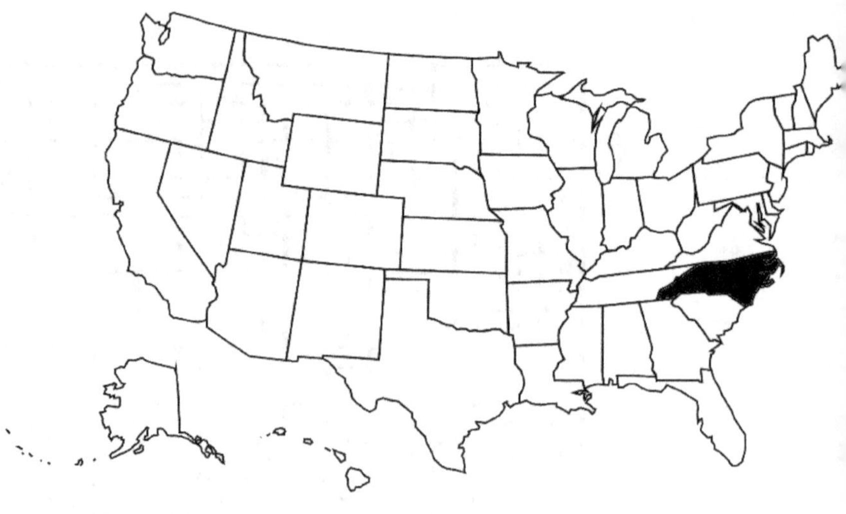

North Carolina

```
U G V O E P F U G I V G D C B A Z G T R
O R X G R E E N S B O R O Z F N Q R R P
U E H C A A D O L L E Y M A D I S O N P
C E R U V S L W O Y F J E J M F J M M C
D N A A A C E G O T X G I S N L H Q C C
C V I Z G N W R I G H T B R O T H E R S
Q I H T A D F Z M G O M S Y Y F B B F B
E L M A R R P X J W H F C J R K Z U M I
U L C R D E Q Z C D N O V M M A N O G O
S E S H N W E P C P A N T H E R S A V E
K M O E E J K G A T B D J A F M O U I A
H J N E R A V Q C N J H D L I Y Q T L F
D S D L F C W G R E A T S M O K Y M T S
T J U S G K C A P E H A T T E R A S T P
T I R J C S I Q L W L C Z Z L G C X P B
N I H M S O M F Y I Y H P S W J A G L J
W X A F I N Z F I K L K H B M V K Y N W
D M M F C U C H A R L O T T E U U R D V
X P E U W I N S T O N S A L E M M M K D L
P L W B W B I L T M O R E E S T A T E E
```

DURHAM	GREENSBORO	DOLLEYMADISON
RALEIGH	AVAGARDNER	ANDREWJACKSON
TARHEELS	GREENVILLE	GREATSMOKYMTS
PANTHERS	WINSTONSALEM	WRIGHTBROTHERS
CHARLOTTE	CAPEHATTERAS	BILTMOREESTATE

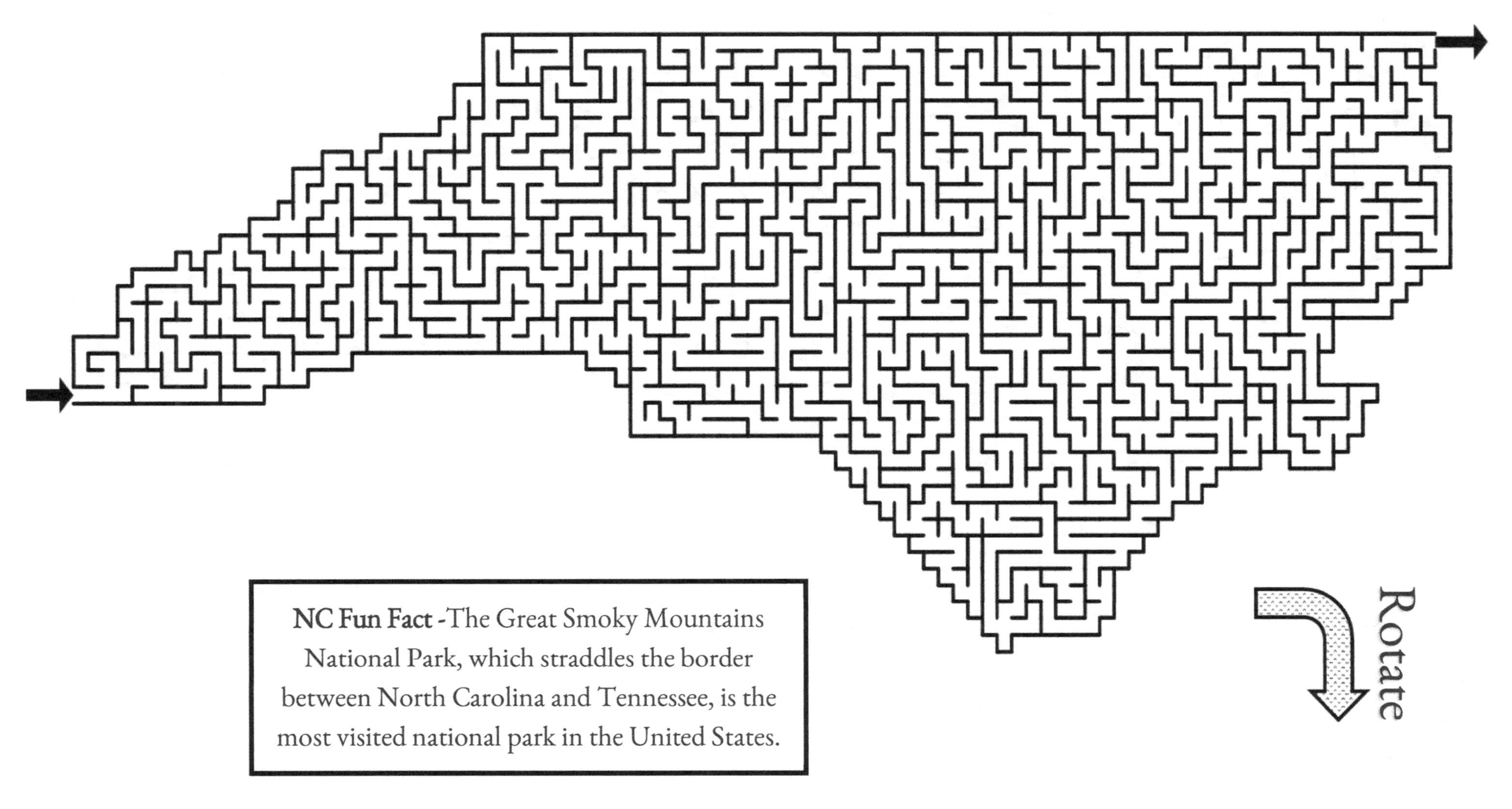

NC Fun Fact - The Great Smoky Mountains National Park, which straddles the border between North Carolina and Tennessee, is the most visited national park in the United States.

Rotate

North Dakota - ND

Entered Union: 1889
Nickname: Peace Garden State
Motto: "Liberty and Union, Now and Forever, One and Inseparable"
Bird: Western Meadowlark
Plant: Wild Prairie Rose
Capital: Bismarck

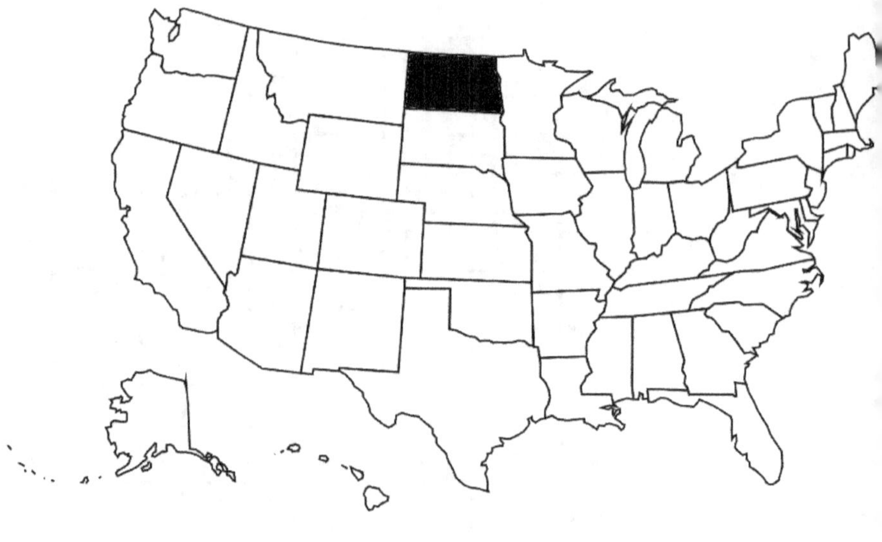

North Dakota

```
L R M G U Z P J B O Q H A N F A R G O W
D W E V C Y L A W R E N C E W E L K O I
E P N D X I A B K I U R U H D Y P H O Y
N I C P R P D D J M H Z H K I Y W S G O
C L K Q W I K R H A S M Y N C T X C R A
H O M B J O V R Y S M U L Z K U T K A S
A U P L D G Z E T D J E L K I C X J N P
N I R A H S S T R U B H S L N A A F D B
T S L K W A A E K V S U N T S Z T G F I
E L C E C A R N B F A P P W O V H D O S
D A N S Z W H H A A E L T E N W B E R M
H M Z A N E Z P S P D S L M G C N R K A
W O F K J U I B E H N L R E E G J Y S R
Y U H A W X E E Y T J X A A Y N Y W N C
S R W K F I O R K G O X U N A G V L I K
U M M A D L M I N O T N U A D I Y F E H
H C I W V Z V O W B W K T G R S Q B R E
X W A E R J F I G H T I N G H A W K S M
V U G A V D F A L M D T H D P W Z Q S K
J Z B A A T X X T P G F K B M G F R H Q
```

FARGO	PEGGYLEE	ENCHANTEDHWY
MINOT	DICKINSON	LAWRENCEWELK
BISMARCK	JAMESTOWN	LAKESAKAKAWEA
BADLANDS	GRANDFORKS	FIGHTINGHAWKS
WAHPETON	LOUISLAMOUR	REDRIVERVALLEY

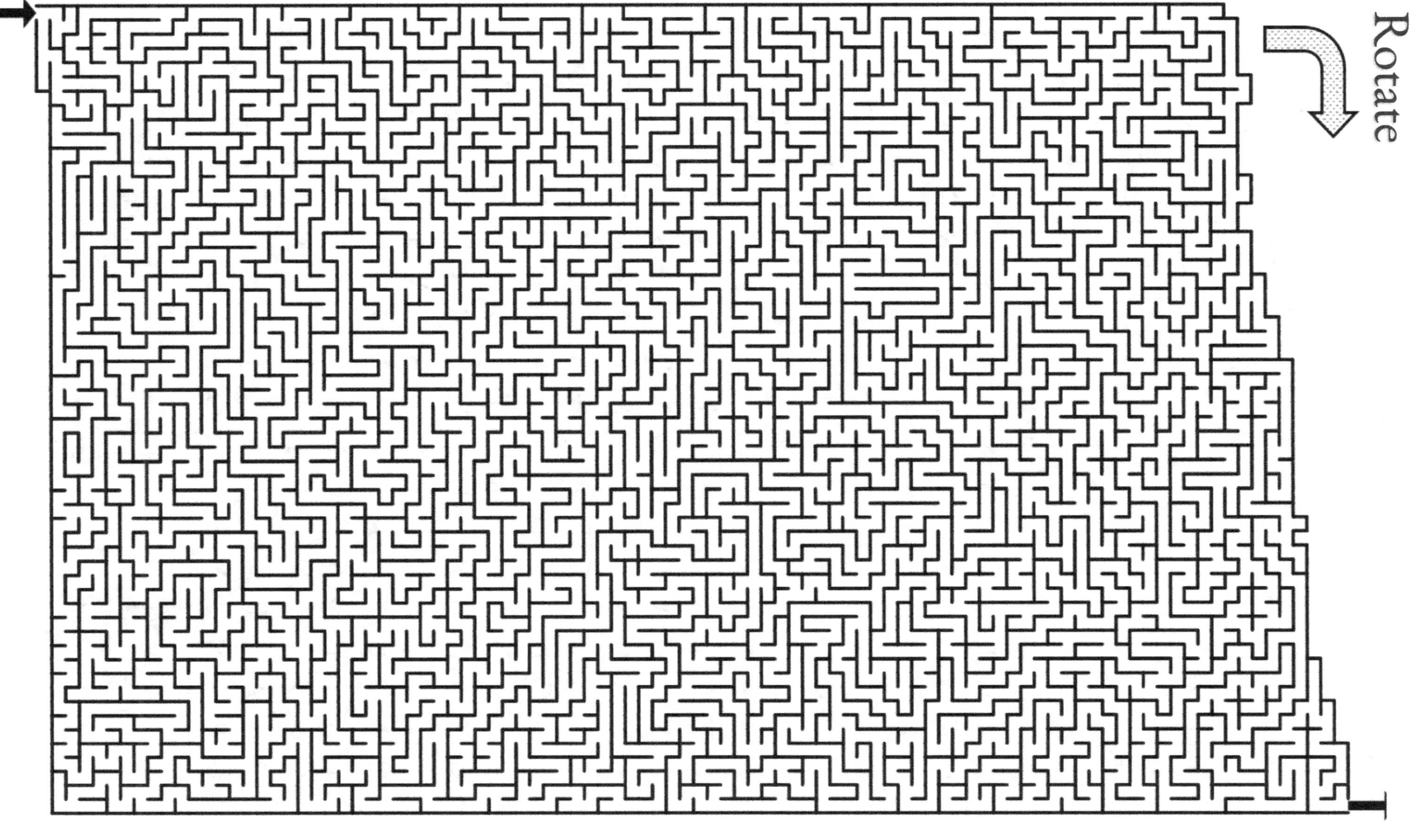

ND Fun Fact - Theodore Roosevelt National Park, located in western North Dakota, is named after the 26th U.S. president, who spent time in the area as a rancher and hunter.

Nebraska - NE

Entered Union: 1867
Nickname: Cornhusker State
Motto: "Equity before the law"
Bird: Western Meadowlark
Plant: Goldenrod
Capital: Lincoln

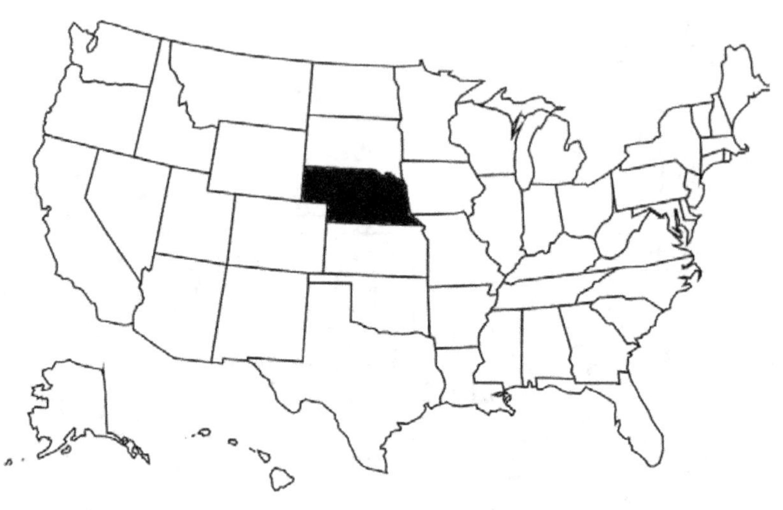

Nebraska

```
D A Z H R S M D Y X W S E K R Z C F N X
B G R A N D I S L A N D Z G N W H C K Z
G W L R J O R J W J B I M E A F I I S J
T K N J Y W Y G A X U W Z R E W M G B I
Y K W O Q T A S Z M V B L A V H N U O R
N Z A M R X H R N V A B J L V G E G B H
H O A S F F N L R Q L L E D P H Y F B D
M E V S E R O O J E R F C F V P R M I K
O S N G U Y E L R O N H C O M H O U X Y
G B N R C N H D K T M B O R M R C C U K
J Y T A Y O C D A O H A U D Q X K A Q X
B E H Q H D R O Z S P P H F P B C R W V
Z V A B B I O N R P T J L A F X G H D H
P C S A Q G P O H N H A W A N E I E B E
P A T T E B V B R U P W I V T W T N Y W
F N I G C T J K J L S A M R L T Z G S A
G P N O P Q S E Q L Y K L J E S E E H L
P C G I L I N C O L N Z E A N Z N B F Q
V P S A E B M E T N L J O R C B A Z U F
Q G P J N B Y P J M O X N O S E U N J J
```

OMAHA	HASTINGS	NORTHPLATTE
LINCOLN	GERALDFORD	CHIMNEYROCK
MALCOMX	CORNPALACE	CORNHUSKERS
NORFOLK	GRANDISLAND	WARRENBUFFET
CARHENGE	FREDASTAIRE	HENRYDOORLYZOO

Rotate
NE Fun Fact - Nebraska is home to the world's largest hand-planted forest, the Nebraska National Forest.

New Hampshire - NH

Entered Union: 1788
Nickname: Granite State
Motto: "Live Free or Die"
Bird: Purple Finch
Plant: Purple Lilac
Capital: Concord

New Hampshire

```
K B I P W H I T E M T S G P Q K R N L I
P Z V U C T O B I W I O B R E B P J R M
A K A P R Q F C A I T G O R I O M D Q T
G S S O O B D P S L H R R I R J V I C W
J C L A R E M O N T A A X T Z D E W H A
I X K Z G Y L J P R C N H F R I L J U S
H B Q Y J I H S K R Q I S E R T C B D H
Z Q L Y W K K G A B I T H H H A R Q S I
Q H S H F B Q N T A F E J F E W O D O N
M G W U S V Q C F X C H G K P P G B N G
A F N T N R O C H E S T E R T V A D G T
N P E W I N N I P E S A U K E E M R Z O
D J I C Q F W I A T I M B E R L A N D N
Y N L G L O N R Z C Y A I M U W F P Z M
M E R R I M A C K F E Y E O H H E M E N
O N C O N C O R D S Y T D N G V M J U N
O S G H O L X O Y C S W H G D O L Q T Y
R D L X W P L D L X M D A R T M O U T H
E F K F M S T X P H W S A S A G W P S M
I Q P H I N E A S G A G E P U O M K Z P
```

VELCRO	ROCHESTER	TIMBERLAND
HUDSON	DARTMOUTH	PHINEASGAGE
CONCORD	MERRIMACK	ALANSHEPARD
GRANITE	CLAREMONT	MTWASHINGTON
WHITEMTS	MANDYMOORE	WINNIPESAUKEE

NH Fun Fact - New Hampshire is the first state to have its own state constitution.

New Jersey - NJ

Entered Union: 1787
Nickname: Garden State
Motto: "Liberty and Prosperity"
Bird: Eastern Goldfinch
Plant: Purple Violet
Capital: Trenton

New Jersey

```
I J C A M P B E L L S O U P L M V U G J
F O V M A O R T E B W G I A N T S F B P
X H D B T O Y S R U S M E N L O P A R K
W N T Y L B T G Q V P Y H C T B J D H F
P T W W A I A S X F G Y V D B W Z V U B
P R B R N L Q Q A S P T K T U C N B H D
X A E M T Y C R E Q A R M H R C J H Y D
J V N E I B Y V R R U P I C L E S P N A
T O K E C F J G W N H E J N V J N S D I
W L M V C B N U W F L M L H C W E T X J
E T Q U I I V D O S R W C L N E G U O Q
O A R D T J S Q E P V P B D E M T F A N
W K Q Q Y S M U H E M E G Z K O B O Q Y
S U I L L P A R S I P P A N Y M N A N H
B B R U C E S P R I N G S T E I N E C K
N I K J S B A L N V H O B O K E N T I R
H X Y H H Z N E W A R K Y F S S N D D L
Z E L B J O N B O N J O V I H V P P F Y
I G Z U U V N M C L K K S K J Y C C M G
G M L C A M D E N R N S M C H S B Q Z B
```

NEWARK	TOYSRUS	ATLANTICCITY
CAMDEN	MENLOPARK	JOHNTRAVOLTA
GIANTS	PRINCETON	CAMPBELLSOUP
HOBOKEN	JONBONJOVI	SAQUELLEONEIL
TRENTON	PARSIPPANY	BRUCESPRINGSTEIN

NJ Fun Fact - The first drive-in
movie theater opened in
Camden, New Jersey, in 1933.

New Mexico - NM

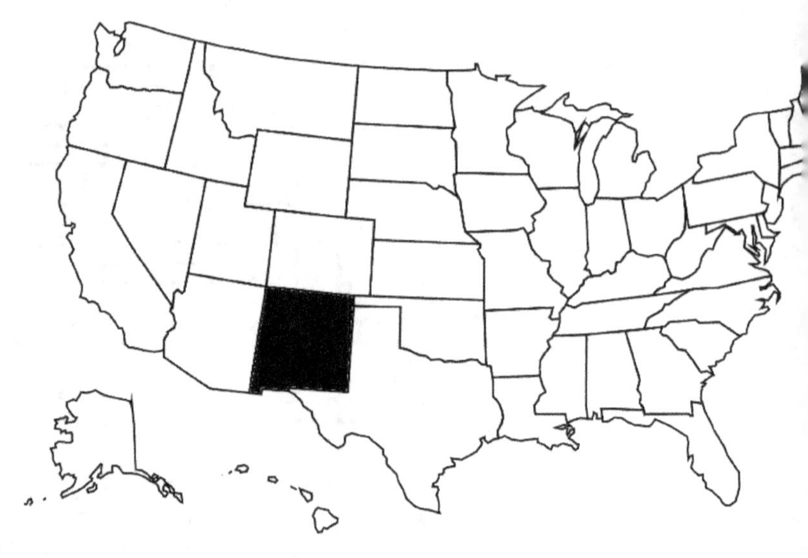

Entered Union: 1912

Nickname: Land of Enchantment

Motto: "Crescit eundo" (It grows as it goes)

Bird: Roadrunner

Plant: Yucca

Capital: Santa Fe

New Mexico

```
S Z I V K K P V G F F T Z V A F L V D M
A P H K W F A R M I N G T O N G R X G K
L R D L H A Y V K I S O T O P E S N R R
T W K L I T S K Y D G B Q H R X R X P P
D Z B O T V J O H N D E N V E R C M W A
S I G B E O Z A Y H W I B P T A T Z B J
A G T O S H Y Q L W O U V P Q Y B M Z K
N T N S A J R J V B G A X V T X O T Z Y
D Z S F N Y J C E M U D Y B U W D G W N
I Z J X D R F E R F C Q S A L A O E Z M
A R D R S A S B A U F O U A Z E T Q Y P
M O L T E L L H E V F B V E N U B K N E
T S A K Y A E Y C D L G E U R T N E H V
S W S Z W M Z P S M X I G Z C Q A I U O
H E C Q T O C U R D Q W N O O B U F M Q
E L R Y W G Z E D E V C A U U S N E E S
D L U T V O X B H C N B F F F V C T J D
G A C H F R X L H C A R L S B A D I C C
K D E X F D Q O P I K K G S M T U R Z Z
N B S T W O E Z X M E V U M X W X A T C
```

ZUNI	CARLSBAD	WHITESANDS
LOBOS	ISOTOPES	FARMINGTON
PUEBLO	LASCRUCES	JOHNDENVER
SANTAFE	JEFFBEZOS	ALAMOGORDO
ROSWELL	SANDIAMTS	ALBUQUERQUE

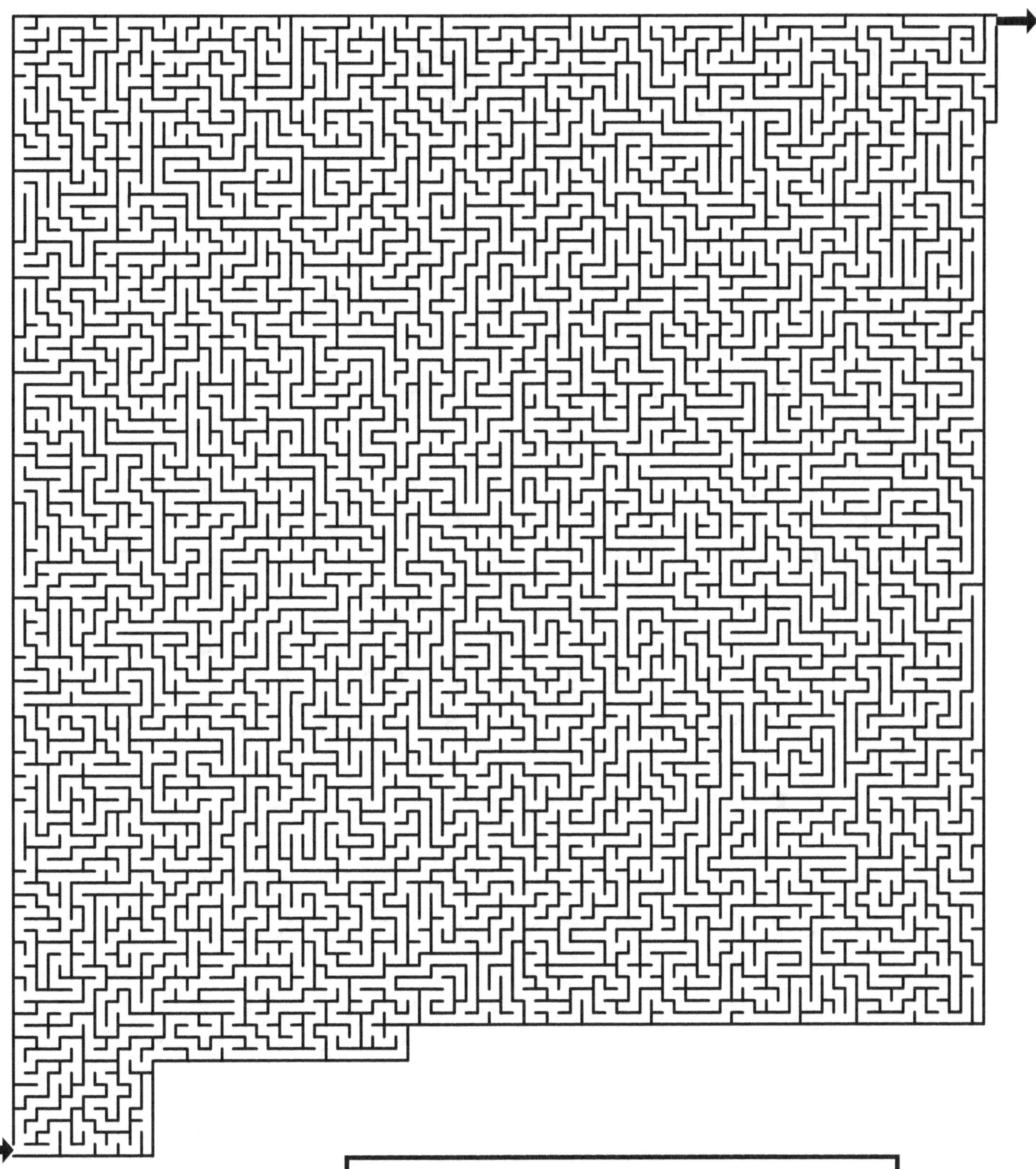

NM Fun Fact - The world's largest hot air
balloon festival, the Albuquerque International
Balloon Fiesta, takes place in New Mexico.

Nevada - NV

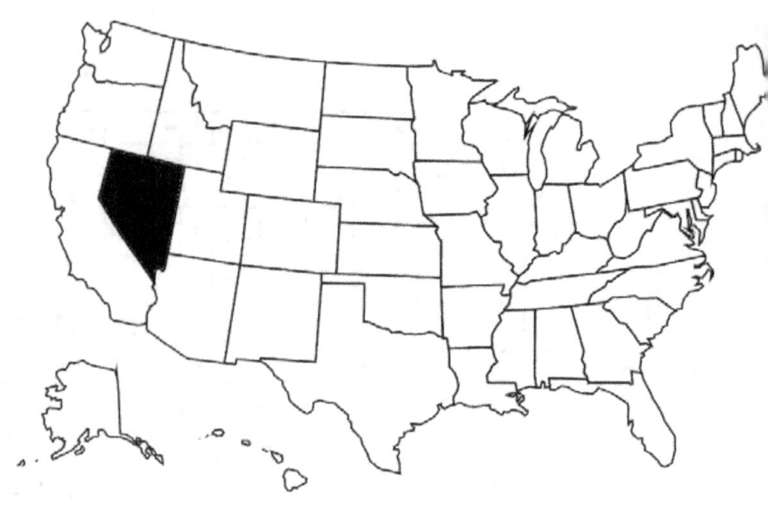

Entered Union: 1864
Nickname: Silver State
Motto: "All for our country"
Bird: Mountain Bluebird
Plant: Sagebrush
Capital: Carson City

Nevada

```
L B R K N U R W K H H G Y J F R A B B S
D A K H X W Q F T O R Q V K B X N C U L
K W S D G G K O N J X T A Z M D D J R U
A G K V G Z Z X Q T U H S S K E R D N G
H K W N E R Y B A H K W U C A V E H I E
F D B O F G L M L E Y L L A I C A G N Q
U Y A A L Z A B H S L G L R V X G K G W
Y G R W Z F C S Y T E D H S Z I A S M M
U E X D N G P E T R B B C O U A S E A C
G Q S X E W A A T I U C H N L C S J N K
G Q P K O J E W C P S J M C N T I M U Y
A F A V B A W L F K C C G I C W Z L H W
R T R K E F M N L P H S M T E Z H A N V
E Q K B P C V N I S R O R Y J N U K L Q
A Q S L X R M F I Q K U E E Z N I E Y U
5 W U L X J E O T W X L S L H Z F T S P
1 V E N I K V N Z U Q E O U E M S A Z I
M K V A L L E Y O F F I R E G W Z H Z T
X L E E K K X Z G B N O T L J O G O A S
A E M I R A G E F T D N S G O U C E O U
```

RENO	THESTRIP	BURNINGMAN
SPARKS	WOLFPACK	CARSONCITY
AREA51	LAKETAHOE	MGMRESORTS
MIRAGE	KYLEBUSCH	ANDREAGASSI
LASVEGAS	DAWNWELLS	VALLEYOFFIRE

NV Fun Fact - Nevada is the
largest gold-producing state in
the US and the fourth-largest
producer in the world.

New York - NY

Entered Union: 1788

Nickname: Empire State

Motto: "Excelsior" (Ever upward)

Bird: Eastern Bluebird

Plant: Rose

Capital: Albany

New York

```
D X H Z T B N O R M A N R O C K W E L L
J Z I C J S Z N I A G A R A F A L L S A
F L A K E P L A C I D Y T H Q N X S B Z
G Y A N K E E S G L W V E V F D Z D K Y
W L I V U K F N J G S I D N I V L B X K
I E W E Z R K C R N M P D J Y Y F T I L
G S R Z A F H V R J T B Y R X X W W E P
B G Z G U L W E M E T S R K U J D D M U
R J V M I W S Q S J A L O L S I J O P F
O Z V E G P Q D T A X D O E S B Y O I X
A D O N A L D T R U M P S K Y W T D R N
D L M O W Y G F I V K H E Q R P N G E F
W Q A G B D L P A B Z M V M A W G P S K
A R C Y N A E T I L Z E E P C P T D T W
Y Z U W G I Z R Y A B R L L U N N R A C
X J R O C H E S T E R A T E S W X F T A
Q N Z U D B U F F A L O N P E N H L E N
B H T K H L J I D U V R M Y Y P V C L S
I L J M O U N T V E R N O N V L D Z A R
H M E J U C E N T R A L P E R K Y T C J
```

METS	SYRACUSE	EMPIRESTATE
ALBANY	ROCHESTER	CENTRALPERK
BUFFALO	LAKEPLACID	NIAGARAFALLS
YANKEES	DONALDTRUMP	NORMANROCKWELL
BROADWAY	MOUNTVERNON	TEDDYROOSEVELT

Rotate
NY Fun Fact - The state's
Adirondack Park is larger
than Yellowstone, Yosemite,
Grand Canyon, Glacier, and
Olympic Parks combined.

Ohio - OH

Entered Union: 1803
Nickname: Buckeye State
Motto: "With God, all things are possible"
Bird: Northern Cardinal
Plant: Scarlet Carnation
Capital: Columbus

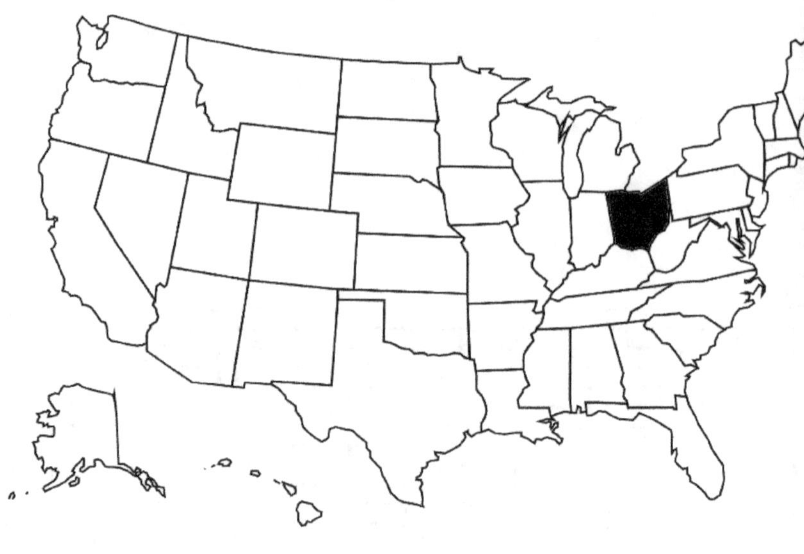

Ohio

```
E T G H E Z P P I L B M K C D S O I B J
N G V L Q Y A V T H O M A S E D I S O N
D E W C H H G N B N N F N C V V V N W H Y
Y L I Q A N T S N B R O W N S D W Z C N
I Q L L E K T I G I B P M C D A A I I Q
D E L Q A B R T P A E E G N Y Y Y K N X
L S O X W R H O F C J O U P M T Y Q C V
Y O T Z A J M A N U Z B A Y F O O W I D
O Z B U O R I S M O Q R R K A N M G N N
U K E W I Z P I T Z Z J U Z L K T E N Y
N Q N P R O C T E R G A M B L E H X A K
G W G P T I D K A U O K M B X X Y Y T G
S W A O O W O X Q N H N J S G Z Z E I K
T W L U E F X O G S Z T G U X Q S D N H
O R S K B U C K E Y E S V P B I W L A D
W L A H V X R O C K A N D R O L L C A D
N A P J S C L E V E L A N D O C N L T F
P H C O L U M B U S M H R I W S Q T D R
W P S E L Q G L T G A D Z P F M B Z S Q
G F X X N C U Y A H O G A R I V E R U Q
```

AKRON	BUCKEYES	ANNIEOAKLEY
DAYTON	CLEVELAND	THOMASEDISON
BROWNS	CINCINNATI	CUYAHOGARIVER
BENGALS	YOUNGSTOWN	PROCTERGAMBLE
COLUMBUS	ROCKANDROLL	NEILARMSTRONG

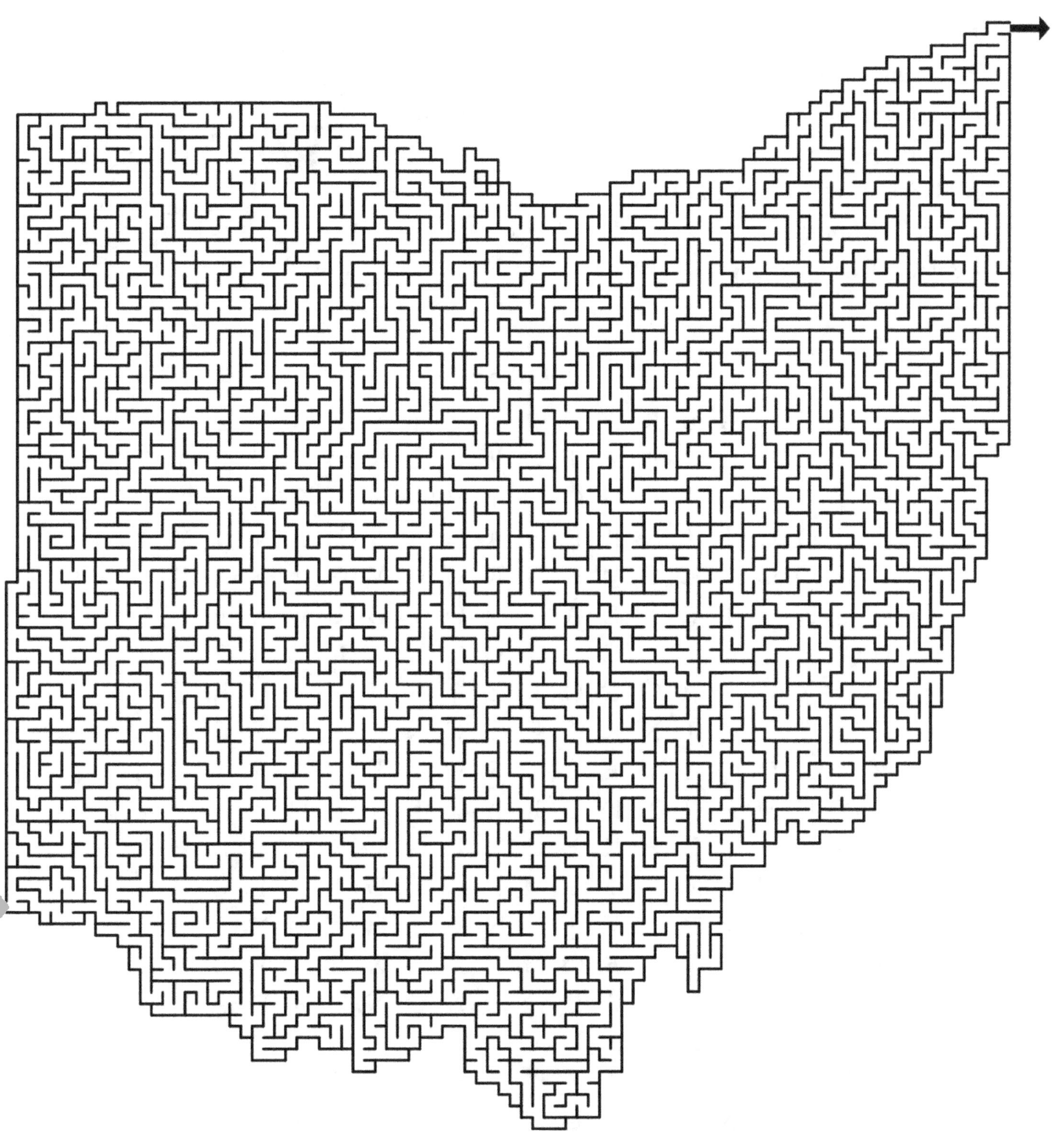

OH Fun Fact -Ohio is home to the world's largest Amish community, primarily located in Holmes County and the surrounding areas.

Oklahoma - OK

Entered Union: 1907
Nickname: Sooner State
Motto: "Labor omnia vincit"
(Labor conquers all things)
Bird: Scissor-tailed Flycatcher
Plant: Oklahoma Rose
Capital: Oklahoma City

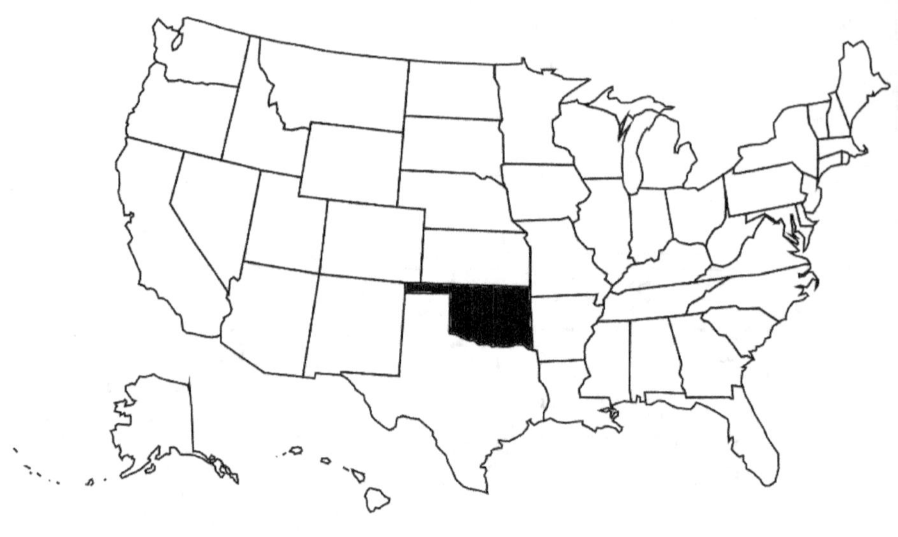

Oklahoma

```
F J F Q G B R A D P I T T N Z K Y Z X M
E N Z R A S A F T C R U I R O E Z U J Y
W I S I C T R N O T Y M D X L R A J Q O
J H O O J I N R R B A H A S L A M N V Y
C K O O E L G M N W R U G V G J S A S K
H C N K I L Y L A Q M O V D E W K E N O
U P E L W W F C D S D M K W K Z S E F I
C N R A L A O G O E Z J M E X V C K Q L
K G S H O T N R A R T C N Y N E F C R W
N C N O Q E V E L G S W I E L A P I K E
O Y U M H R T D L E A X S K E H R X V L
R B Z A J Z E R E D P R C V R Q M R M L
R I I C V M T I Y M K U T D J P L C O S
I N E I M R L V J O N M J H W M N L P W
S J D T F V Q E O N E L A X B W V B F L
N I Y Y R U Q R D D E D Q N Z R D A L T
L A K E T H U N D E R B I R D J O P Y F
F N J R N H O J I T U W C T O X J O R B
M I P A N H A N D L E O M M P X F Z K N
E T U L S A F S R O K F W Y O F S J B S
```

TULSA	REDRIVER	GARTHBROOKS
NORMAN	BRADPITT	CHUCKNORRIS
EDMOND	PANHANDLE	OKLAHOMACITY
SOONERS	STILLWATER	TORNADOALLEY
OILWELLS	BROKENARROW	LAKETHUNDERBIRD

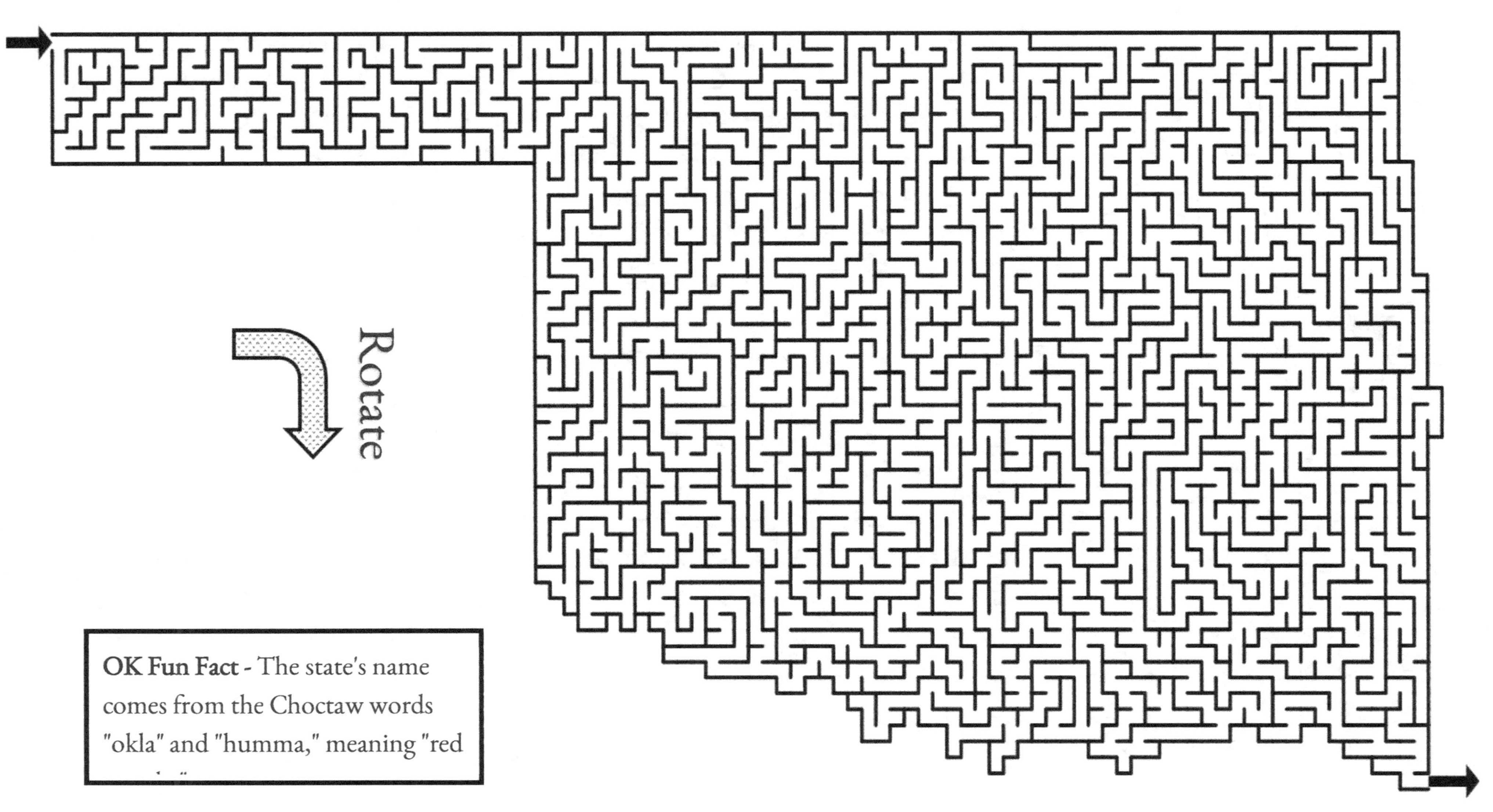

Rotate
OK Fun Fact - The state's name comes from the Choctaw words "okla" and "humma," meaning "red

Oregon - OR

Entered Union: 1859
Nickname: Beaver State
Motto: "Alis volat propriis"
(She flies with her own wings)
Bird: Western Meadowlark
Plant: Oregon Grape
Capital: Salem

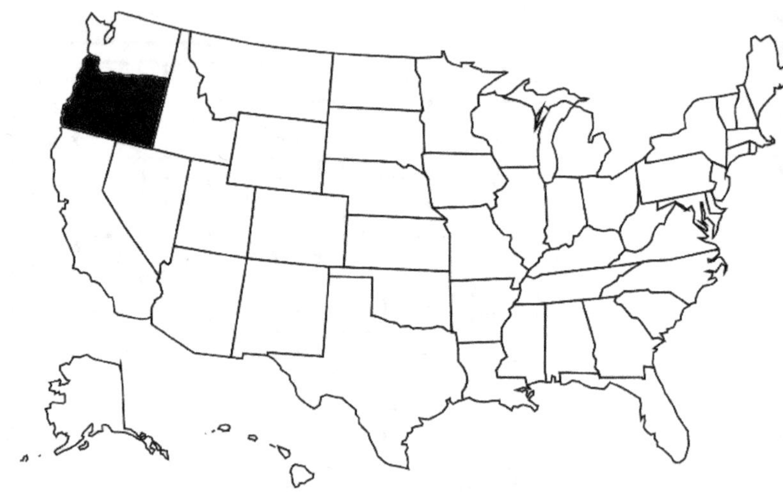

Oregon

```
N J P Q H X C Q U T V W Q N D J G O F A
U L P Q P H O Q G N F U I O H S D Y Z A
O C U U O K L M Q K W Y U U E I A E D L
T R T S R K U A A G I S Q U O E C G I A
G A J P T A M T D Z L A D Q O X K I B T
E T I F L W B T T T L L U Z Q M J Q S Z
U E L H A E I G N R I E C N M O T W D U
G R L Z N D A R K N A M K A V V C O E H
E L I L D X R O H B M I S K R S C Q E J
N A N V S X I E I G E R L E K L D N V R
E K U O R N V N Q F T R Y B Q P F S Z W
L E S B N P E I L I T H J R L O A V Y L
Z M P H Q A R N Z D E C O R V A L L I S
Q E A V O V K G U O J Q Z L E O Z W N W
G E U K G B E A V E R T O N Z J S E Z V
A P L V Z T M D O A N I K E Z Y V N R I
L N I T Q B Q D Y W H I C H R V G M V S
W I N U P U Y E V M T H O O D X D Q L L
C Y G E S A U V Y Q D H T L Y O S L K O
U E E C O L U M B I A B R A N D O C I J
```

NIKE	PORTLAND	MATTGROENING
SALEM	BEAVERTON	LINUSPAULING
DUCKS	CORVALLIS	TRAILBLAZERS
EUGENE	CRATERLAKE	COLUMBIARIVER
MTHOOD	WILLIAMETTE	COLUMBIABRAND

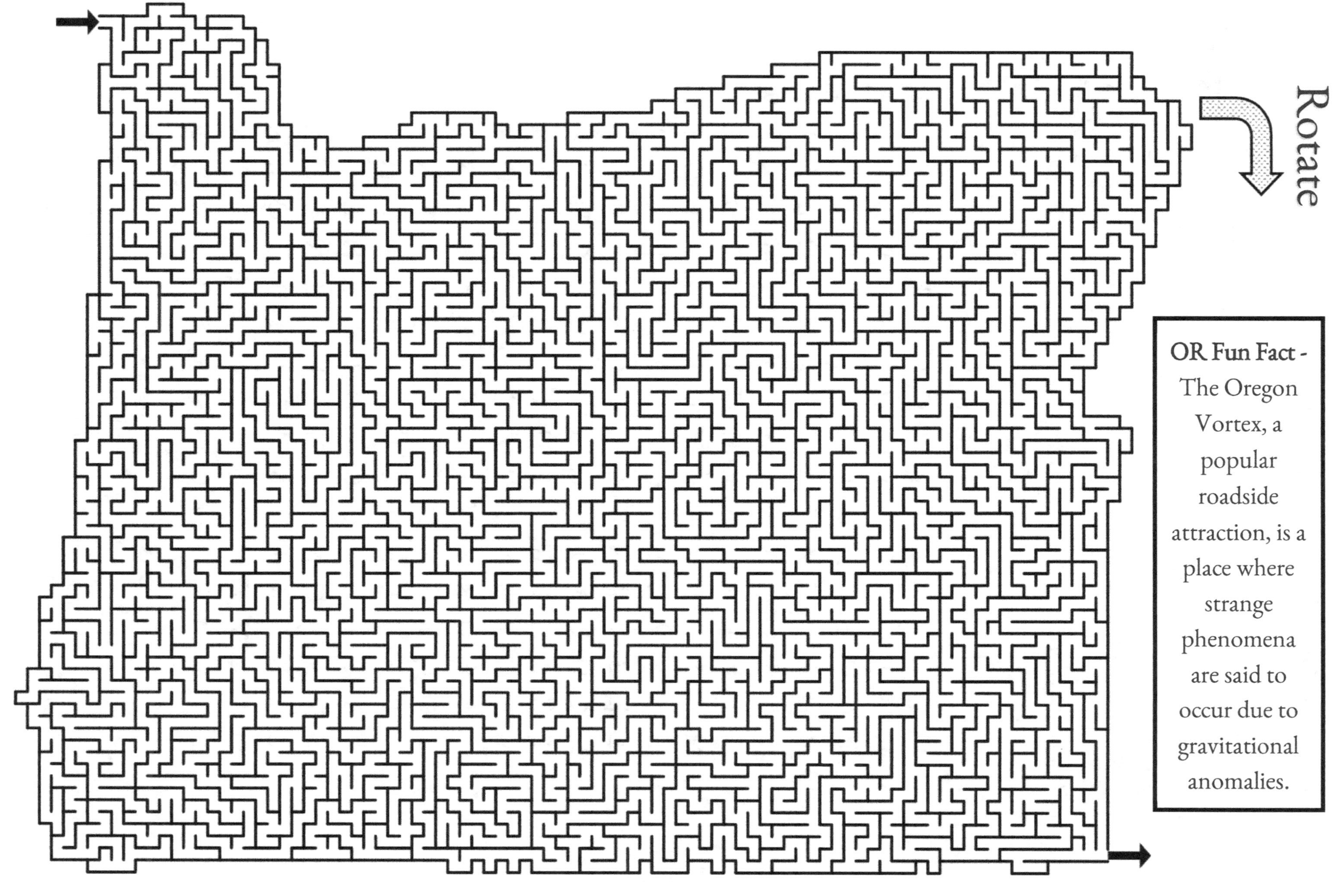

Rotate

OR Fun Fact - The Oregon Vortex, a popular roadside attraction, is a place where strange phenomena are said to occur due to gravitational anomalies.

Pennsylvania - PA

Entered Union: 1787
Nickname: Keystone State
Motto: "Virtue, Liberty, and Independence"
Bird: Ruffed Grouse
Plant: Mountain Laurel
Capital: Harrisburg

Pennsylvania

```
O P K P V P Y F P C G F F O P E P P Y B
H M I Q J O E B I D E N G W H L C A Y S
B G H T A M U L C P A A E V I P C B V T
B H A Q T Z X G Y Y N K T O L J W R K A
E U R C V S K L A L Y U T W A A K W B Y
T F R L A E B E H G M Y Y G D J E E I L
H R I P L R A U X B L O S L E G Z X G O
L K S V L B N G R G W M B D L X R P B R
E Z B V E N X E L G C X U B P H F T W S
H C U U Y I R G G E H O R Q H D V B Z W
E X R H F W J L U I S B G A I V A S H I
M W G J O X Y H Z G E M T C A O N T E F
S L F U R Z W V X X M S F U B Q E R T
T O C R G K D N U B M B E A S N T E S V
E B H G E H B G E Z B B X L U H R L H W
E Y F Z P P C C J D P L E H L Y Y E E C
L M A S O N D I X O N L I N E O A R Y G
L I B E R T Y B E L L I I I O M N S I Q
O F L V X H T D G J T J M C M B N R I M
P L A M I S H C O U N T R Y M V T U D I
```

EAGLES	HARRISBURG	PHILADELPHIA
HERSHEY	GETTYSBURG	AMISHCOUNTRY
JOEBIDEN	VALLEYFORGE	CARNEGIEMELLON
STEELERS	LIBERTYBELL	BETHLEHEMSTEEL
PITTSBURGH	TAYLORSWIFT	MASONDIXONLINE

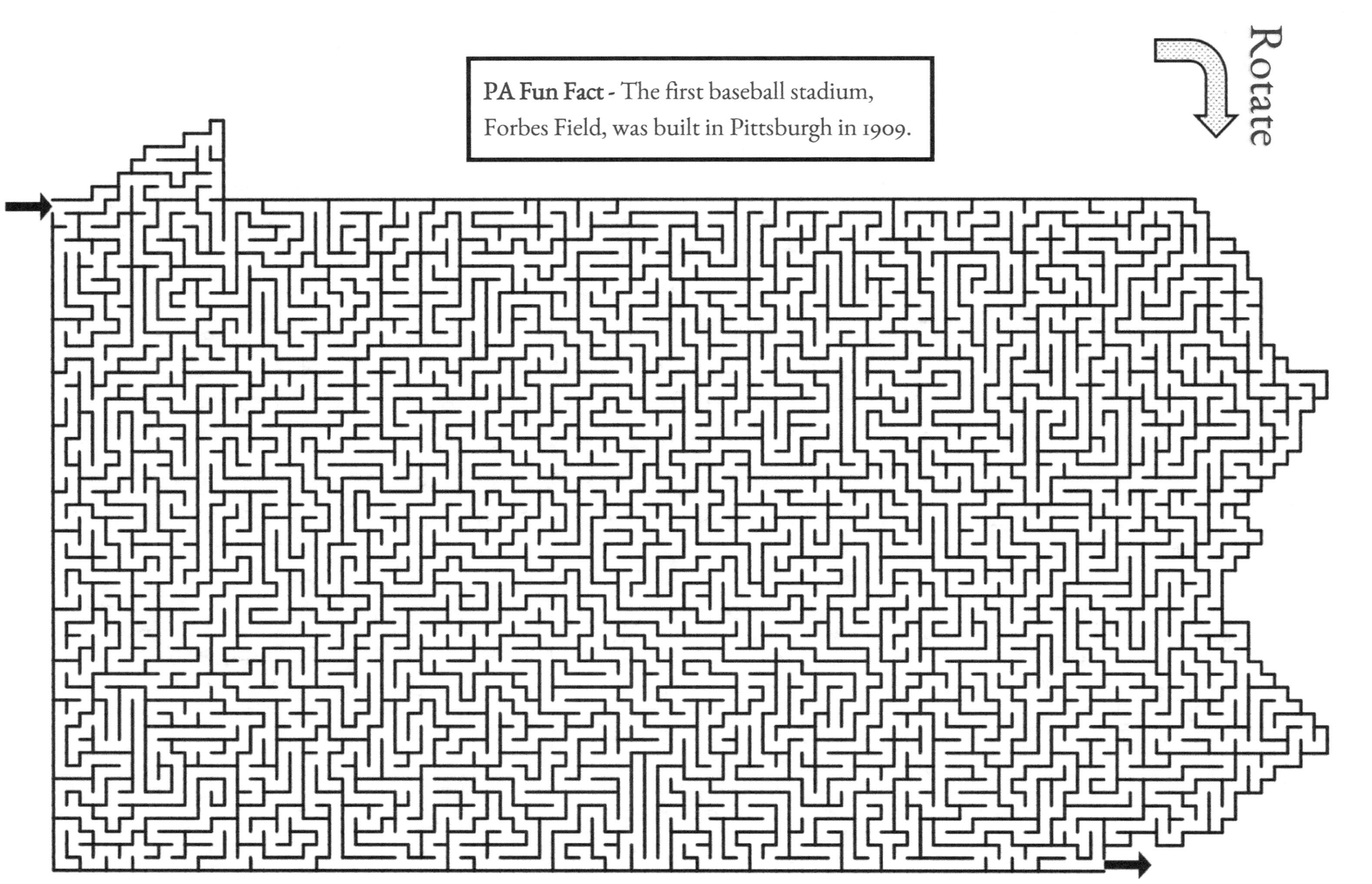

PA Fun Fact - The first baseball stadium,
Forbes Field, was built in Pittsburgh in 1909.
Rotate

Rhode Island - RI

Entered Union: 1790
Nickname: Ocean State
Motto: Hope
Bird: Rhode Island Red
Plant: Red Maple
Capital: Providence

Rhode Island

```
E Z N H I R U M O N K A F I Q M H W V H
A F O A W F S J Z H Q J C E S J E A B P
S Y N S R Q H P L O V E C R A F T M X R
T B Q B S R F H E N D A V J O R P H B O
P P R R P P A L I T T L E R H O D Y S V
R Y S O W A Q G B B R D A F T N C K F I
O H S T W K W U A V N E W P O R T K Q D
V F Z O H N V T H N C O V E N T R Y J E
I K W Y B J U O U Y S Z Q Z R T A W M N
D N Z S W T G N P C D E B L N R Q N Z C
E L U I W Q J F I F K H T F V H W P H E
N T B V S Y O Z N V R E B T Y F T P T S
C B N B X E L C J S E H T F B A E U I Y
E W D R W H I T E H O R S E T A V E R N
V S R I K S H Q M X J F S Y W G Y W B R
Z L K G Q R U T H B U Z Z I K L L S J I
W B D O S M Z K U P X R Y C T Q V I M W
W O O N S O C K E T A L H K S Y Y V E K
O C U M B E R L A N D O S K P W Z H I Y
S O L I V E R H A Z A R D P E R R Y C O
```

NEWPORT	WOONSOCKET	EASTPROVIDENCE
COVENTRY	CUMBERLAND	NARRAGANSETTBAY
PAWTUCKET	HASBROTOYS	BROWNUNIVERSITY
RUTHBUZZI	HPLOVECRAFT	WHITEHORSETAVERN
PROVIDENCE	LITTLERHODY	OLIVERHAZARDPERRY

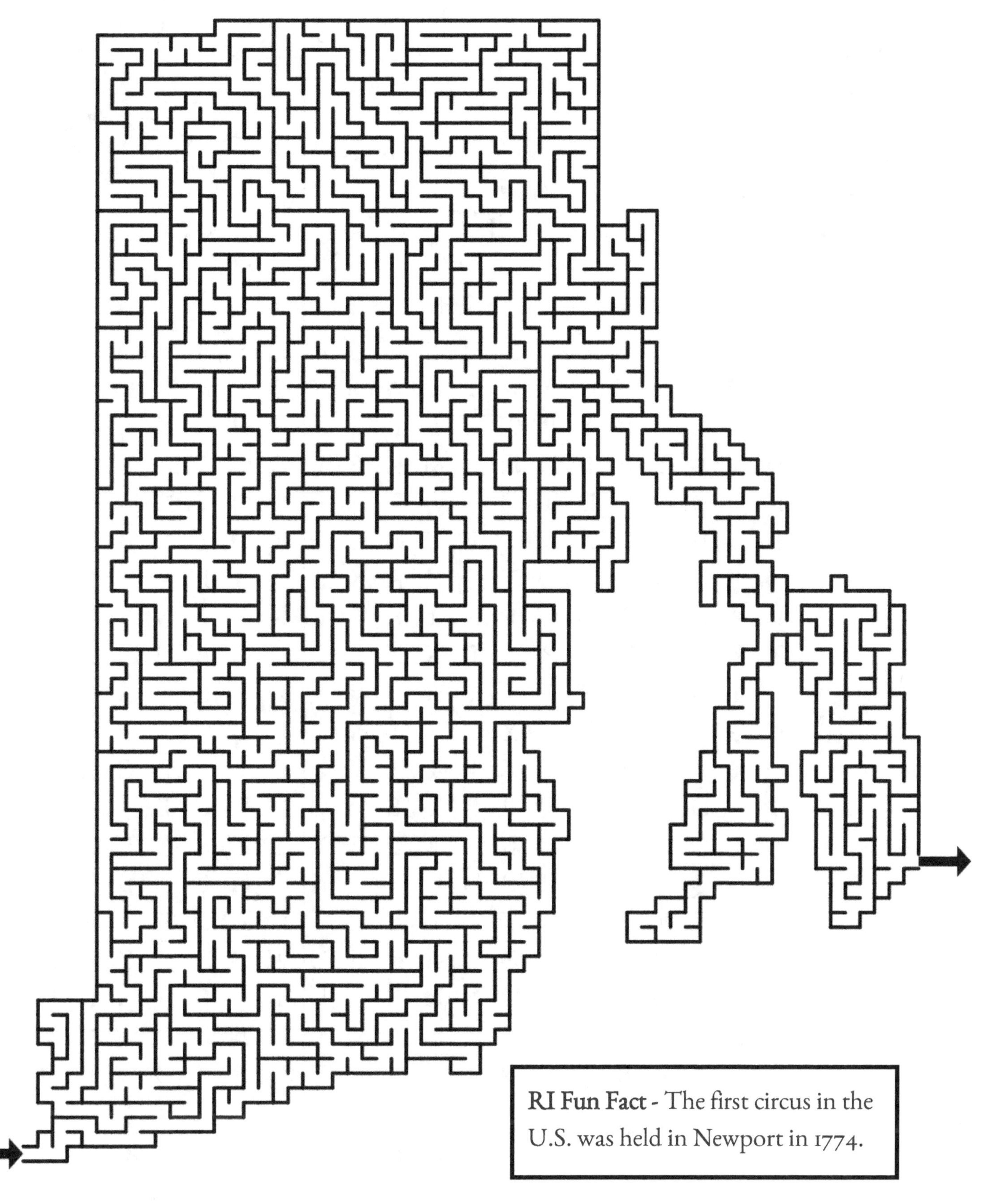

RI Fun Fact - The first circus in the
U.S. was held in Newport in 1774.

South Carolina - SC

Entered Union: 1788
Nickname: Palmetto State
Motto: "Dum spiro spero"
(While I breathe, I hope)
Bird: Carolina Wren
Plant: Yellow Jessamine
Capital: Columbia

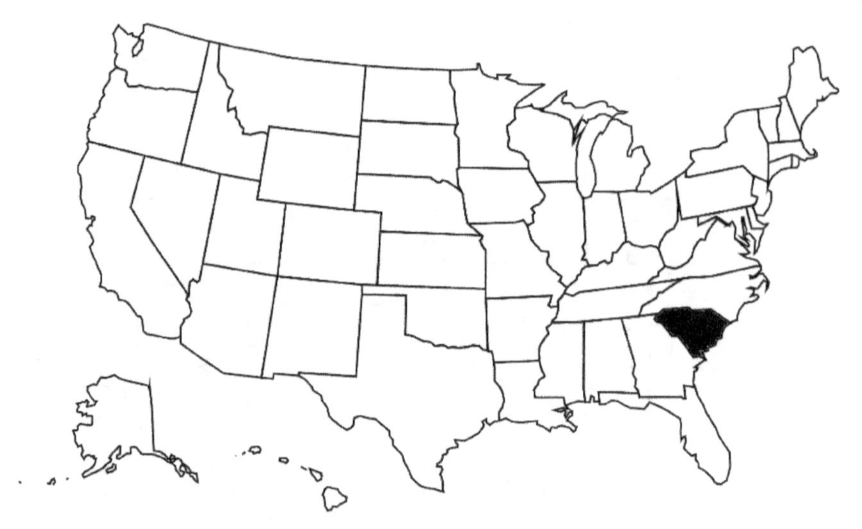

South Carolina

```
H J W D C F G A M E C O C K S A R H J V
Z U S S Y O R K T O W N S Q T K W C U T
F H C C M Y R T L E B E A C H C V N K S
M R A I B P D N X M K B P Q G I A B H X
K C O W T D T Q N Q T H C J O V N A K X
F D L G D A J L E Z O S H X O I N B C Y
O I Q S M Z D Y Q K A N A N S L A U E A
R Z K X I O U E X T R J R X E W W B V B
T Z B K U Z R L L X X C L Q C A H X A G
S Y H B U V W E Y W G V E E R R I A T Y
U G S C V U Y X S W I S S V E U T P T W
M I F Q X L Y Z F T T V T D E P E C Z U
T L D S T W V P R T E M O N K C E J W U
E L C O L U M B I A C W N T Z S R L R Q
R E Q K M U Z P U U S M N O H C G B P T
D S G R E E N V I L L E U D A O F T N Y
L P Y P B P A O K A D E U W Q H K Y K R
A I Z H I L T O N H E A D I S L A N D L
E E U O E I U Y W J A M E S B R O W N T
J U I L K J A U J D Y D Z P L K O W B O
```

CITADEL	GREENVILLE	USSYORKTOWN
COLUMBIA	FORTSUMTER	MYRTLEBEACH
CIVILWAR	GOOSECREEK	FROGMORESTEW
GAMECOCKS	JAMESBROWN	DIZZYGILLESPIE
CHARLESTON	VANNAWHITE	HILTONHEADISLAND

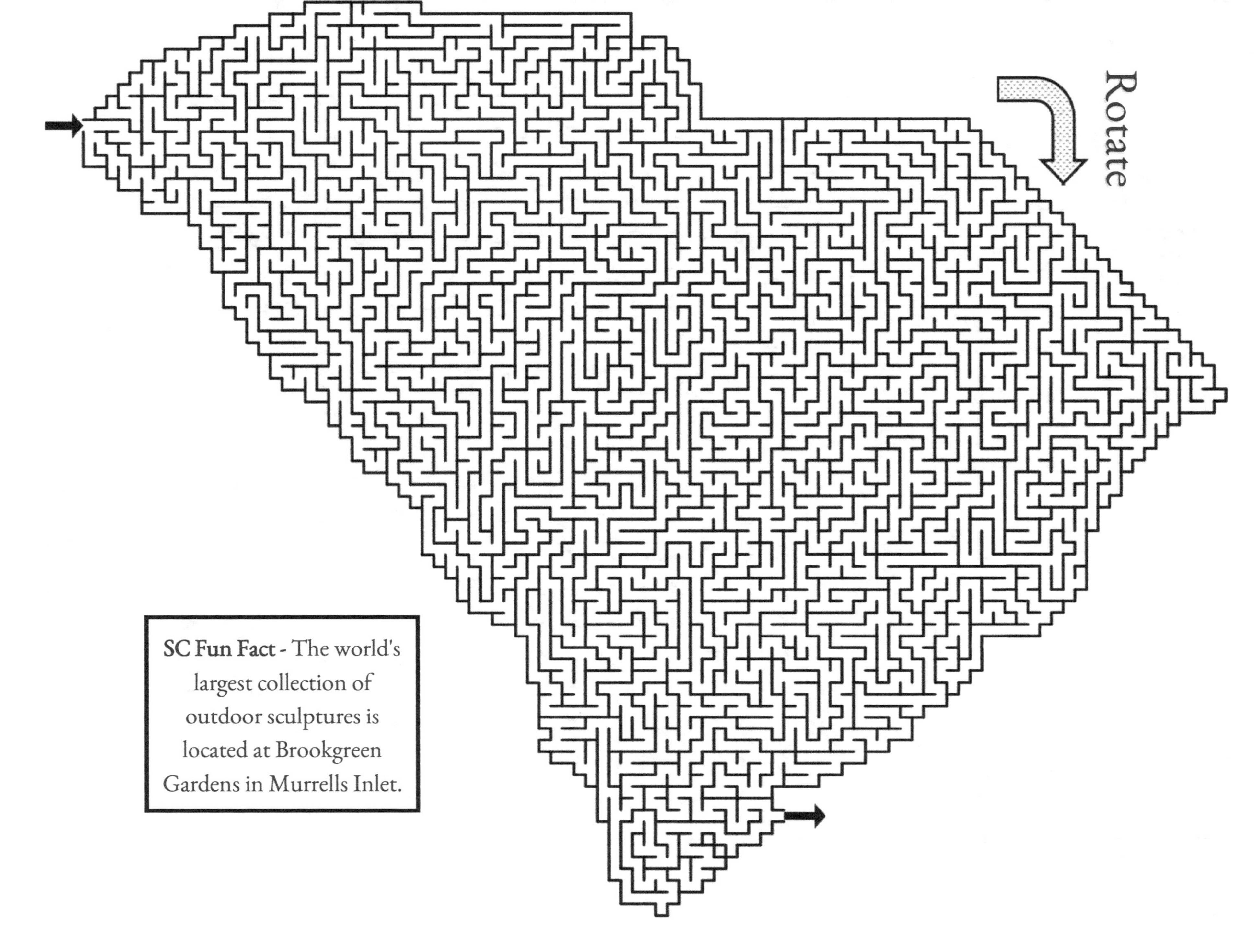Rotate
SC Fun Fact - The world's largest collection of outdoor sculptures is located at Brookgreen Gardens in Murrells Inlet.

South Dakota - SD

Entered Union: 1889
Nickname: Mount Rushmore State
Motto: "Under God, the people rule"
Bird: Ring-necked Pheasant
Plant: Pasque Flower
Capital: Pierre

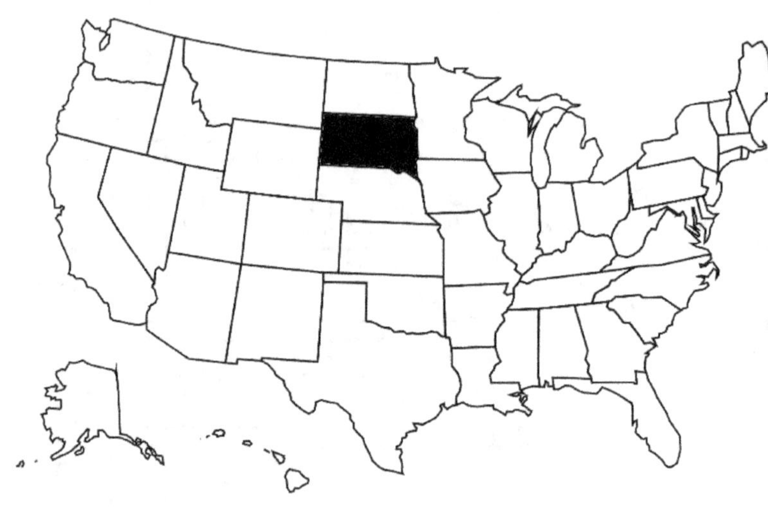

South Dakota

```
Z B G T M V P K R P L O A A L C U K D N
J G C I V G E C O Y O T E S K R R R M Z
O A R P O T W R H F L S W B D A L B D W
W O N A J V C R M Q J C I A O Z I P P F
X D Y U T L D F D I A G G M I Y K I J E
Z J N U A M F L V H L T W V B H L E B Z
P A S A E R X D E E K L R M V O A R Q U
J D P W I Z Y A R P T O I L V R Z R M U
P M M P R I S J Q K M T V O O S D E M A
Z N B Q A T I U O S X T U J N E T D J L
T D L Z P K T E Y N I B R O O K I N G S
Z R A T I A T O E G E O M U D V R W Q F
A D C G D L I A Q X U S U I S O R D H U
N S K O C A N Q R S P Q K X T H J E O P
I J H G I S G F A M G D S G F C M U P A
I H I E T A B Q C R I Q I A J A H O Y R
U H L W Y I U X E S D J S Q Q W L E R J
W Q L Z X Z L A B E R D E E N G B L L E
P J S T Y A L C Y J A P D I L M F Q S L
E J A J A C K R A B B I T S X Z Q T J M
```

PIERRE	BROOKINGS	BLACKHILLS
COYOTES	ZITKALASA	VERMILLION
ABERDEEN	SIOUXFALLS	SITTINGBULL
MITCHELL	MTRUSHMORE	JACKRABBITS
RAPIDCITY	CRAZYHORSE	JANUARYJONES

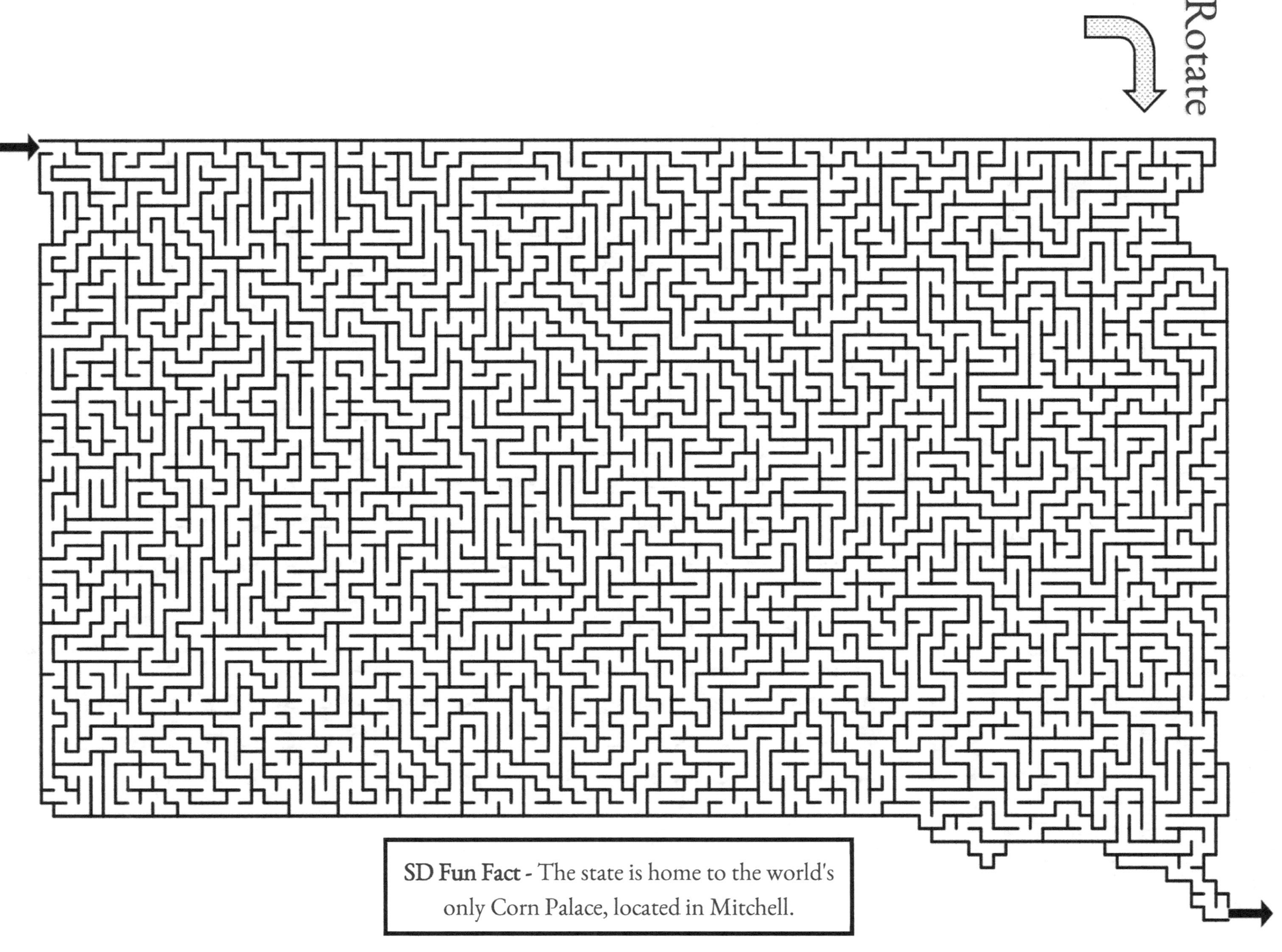
Rotate
SD Fun Fact - The state is home to the world's only Corn Palace, located in Mitchell.

Tennessee - TN

Entered Union: 1796
Nickname: Volunteer State
Motto: "Agriculture and Commerce"
Bird: Northern Mockingbird
Plant: Iris
Capital: Nashville

Tennessee

```
L N H I G R G F E L A Y Y Y V V A Z O Y
R X J T R R B N Y N C W Y Q H L R X P D
E V I P W G A N U B J U Q H L O E R E G
T S E G U A F N D O L L Y P A R T O N J
G K K I R I Y U D M T C C Q J Q H K L A
R Z N E C H P Q Y O U W S M A Y A G B C
A E D O R J V Z I P L M B S O S F C F K
C C A A X N M U R F R E E S B O R O F D
E H P N V V B M C X G L O R C D A E T A
L V D C D Y I E K H F G C P P B N B I N
A X O R O R C L A Z A K C R R M K I T I
N U Z L N B E R L L P T A Z V Y L L A E
D R Y P U V B W O E E S T G H Y I I N L
W A K T S N Y S J C C S B A J O N J S S
D O X F E X T E Z O K J T W N Y Y R Z R
Y G P H C Q R E W I H E Q O K O R X Z B
A O Y F S W K S E F G N T Q E Y O Q V W
N A S H V I L L E R X L S T E A B G V W
K M K M E M P H I S S U D O I U F I A I
E O B A Z T G F J L E Z H A N W S F W U
```

TITANS	GRACELAND	MURFREESBORO
MEMPHIS	VOLUNTEERS	GRANDOLEOPRY
BEALEST	CHATTANOOGA	DAVYCROCKETT
NASHVILLE	JACKDANIELS	ANDREWJOHNSON
KNOXVILLE	DOLLYPARTON	ARETHAFRANKLIN

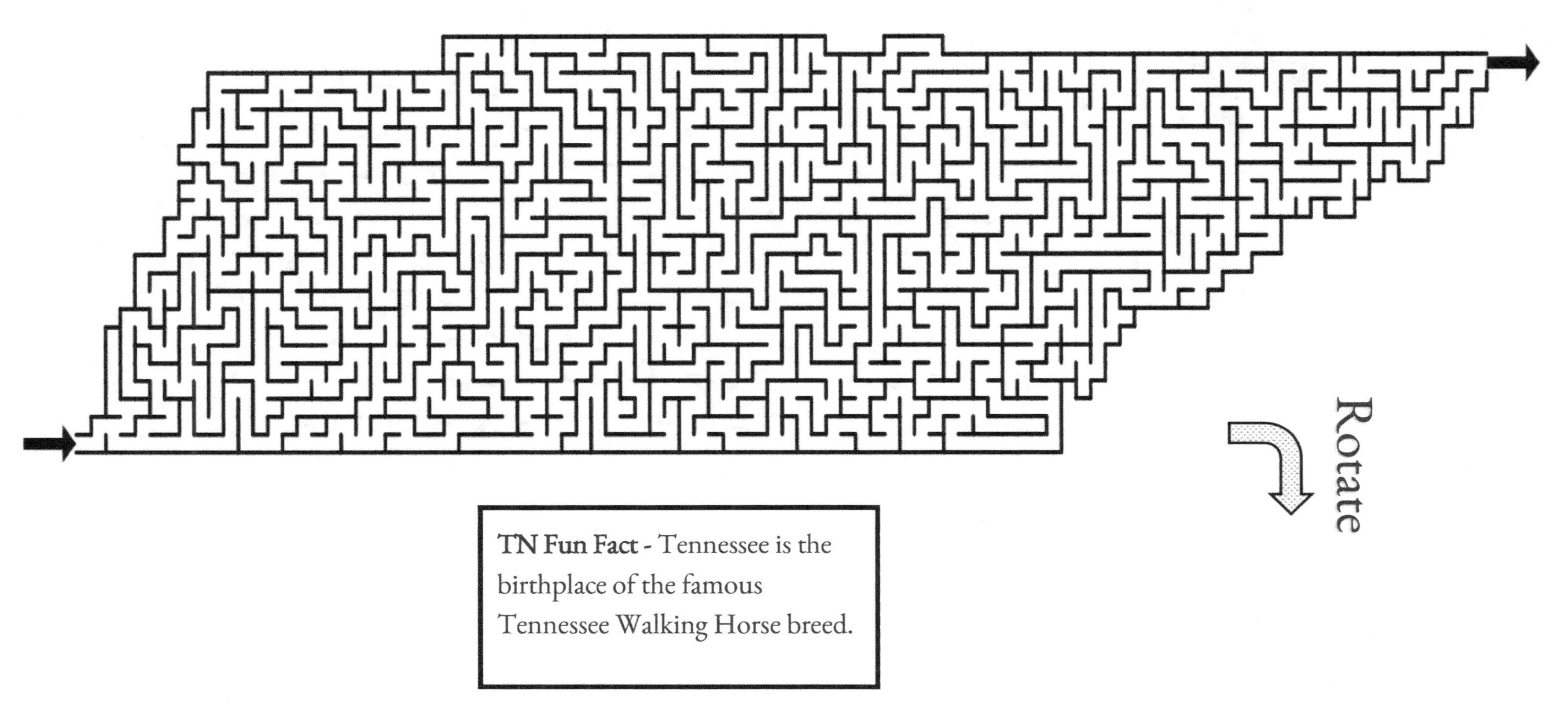

Rotate

TN Fun Fact - Tennessee is the birthplace of the famous Tennessee Walking Horse breed.

Texas - TX

Entered Union: 1845
Nickname: Lone Star State
Motto: "Friendship"
Bird: Northern Mockingbird
Plant: Bluebonnet
Capital: Austin

Texas

```
T Q B H O U S T O N Q D Y W H I C H R C
V G M V W I C U P U Y E V X D Q E L L O
C Y J E S A U O V M Y Q D H T L L Y O W
S L A K O U E E R O I C I J A L P Z M B
D X M C K B U L W P Q C J N U Q A G F O
A P I V F J R X B F U M H V J Q S J M Y
L Z E T O O N I L S Z S I A V K O K P S
L V F G R H F F O T Z V C A E F L V D M
A A O P T N H K G G R X G H K L L R D L
S A X Y W S A V K N R R R T R W D K T S
K Y X A O O L D G B Q A H R X I R E X P
P D Z U R N A B V C M W N A I G S O L Z
Y H W S T S M I B P T A T D Z B J T G L
T H Y T H P O Q W O U V P Q E Y B M I Z
K T N I J A R V G A X V T X O T Z Y Z S
F Y J N C C M D Y L O N G H O R N S B U
W D G W N E Z J X R F E B E Y O N C E R
C A L A O C E Z M D R S B A U O E T Q Y
P T E L H T E V F V B K N E K Y E Y C D
L G U E H R V S A N A N T O N I O Z W Z
```

ALAMO	BEYONCE	JAMIEFOXX
DALLAS	COWBOYS	SANANTONIO
AUSTIN	FORTWORTH	MICHAELDELL
ELPASO	LONGHORNS	CORPUSCHRISTI
HOUSTON	RIOGRANDE	JOHNSONSPACECTR

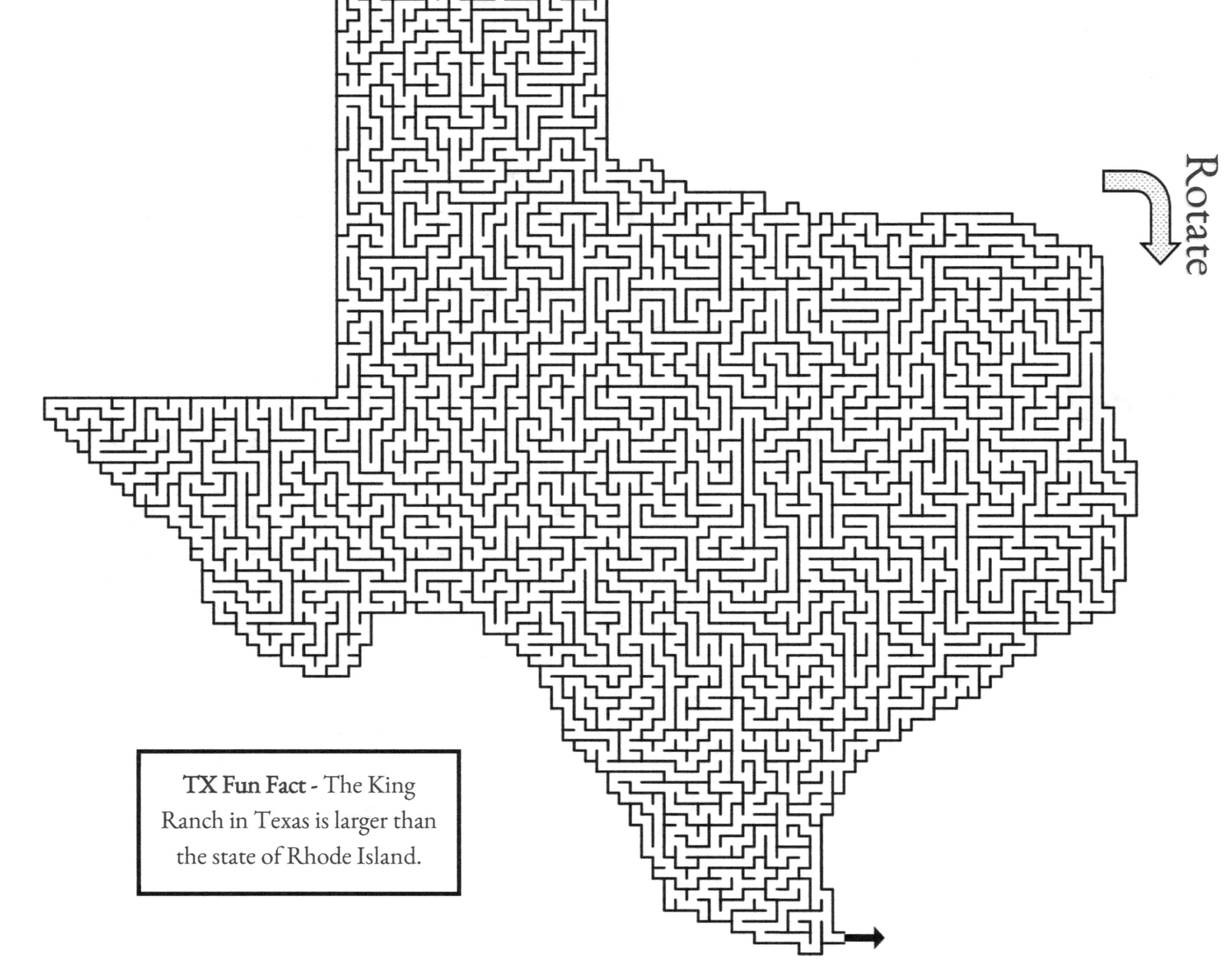

Rotate

TX Fun Fact - The King
Ranch in Texas is larger than
the state of Rhode Island.

Utah - UT

Entered Union: 1896
Nickname: Beehive State
Motto: "Industry"
Bird: California Gull
Plant: Sego Lily
Capital: Salt Lake City

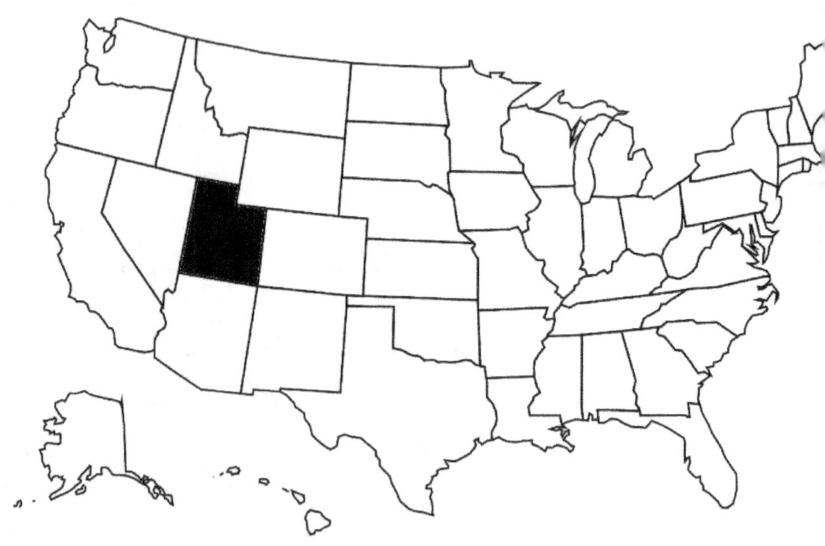

Utah

```
K C O G D E N J S U T E S K A W S L I J
U P S D B Y U C O U G A R S R P C S L B
S A T K Y S M L C Z Y D I T C I G R B Q
O A U C W D X M W A B Z S E H M B S G L
R Z L X D B X B F F K L X V E L C O L G
E I J T C U M O A B G C V E S F U S I G
J N P R L L E H I F O P I N N Q M M J V
A S U H P A G J B M O J W C A T Q O E D
C S A I S L K N I P B P Y O T E H N G M
K W O D T A J E Y Y B R T V L M F D R Z
D P S M G K W D C C I O T E P P G S L M
E G U Z E E P A J I B V O Y A L Q H A N
M W D W O P V C S Y T O O I R E P N X I
P A B K R O I U R A U Y H Y K S P H O Y
S I C P G W P D D M T H Z H K Q Y W S O
E K Q W E E K R H S M C Y N T U X C A M
Y B J O R L Y S U L Z U H T K A S P D G
Z T D J L L K C X J P R H M S R S T U B
H L A A F L A A E K S U N Z T E T G C C
R N F P W V H D N Z W H A E T S B E Z N
```

MOAB	OSMONDS	STEVENCOVEY
LEHI	STGEORGE	JACKDEMPSEY
UTES	BYUCOUGARS	SALTLAKECITY
PROVO	WASATCHMTS	TEMPLESQUARE
OGDEN	LAKEPOWELL	ARCHESNATLPARK

UT Fun Fact - Utah's Bonneville Salt Flats are famous for land speed records and have been featured in numerous movies and commercials.

Virginia - VA

Entered Union: 1788
Nickname: Old Dominion
Motto: "Sic semper tyrannis" (Thus always to tyrants)
Bird: Northern Cardinal
Plant: Dogwood
Capital: Richmond

Virginia

```
B G U N K N O W N S O L D I E R V Y U T
A I J G V D F V I R G I N I A B E A C H
B A I O W Q N O R F O L K J W X C X Q D
J D H I G J W S K D N I Y H J H H R Q D
A U W E V E E S R U B O S Z F V E C N D
M T M J V W O N J F L Q P S I R S F V C
E B H A Y F S R P A U E S U J I A O W W
S R N O I G N F G T W L F N A C P X L P
T W V E M F T Y G E T W M M M H E P Y O
O I N G W A R F B B W T X Y L M A E N R
W L G E Y P S M Y V X A D I X O K N C T
N L B E H D O J V C K O S Z X N E T H S
B I L K H O C R E Q J E K H G D B A B M
C A V N G T K Z T F F O X J I X A G U O
V M K B Y G E I J N F U D G V N Y O R U
O S R D R H M W E R E E T Y M H G N G T
F B G H K V E T T S Z W R E U Y L T Y H
I U F C P B R G F I N S S S F E M D O R
T R A P P O M A T T O X I Y O A T T F N
N G M E R H D D G M J I B K Z N H Q I V
```

HOKIES	LYNCHBURG	VIRGINIABEACH
NORFOLK	APPOMATTOX	CHESAPEAKEBAY
RICHMOND	PORTSMOUTH	UNKNOWNSOLDIER
PENTAGON	NEWPORTNEWS	THOMASJEFFERSON
JAMESTOWN	WILLIAMSBURG	GEORGEWASHINGTON

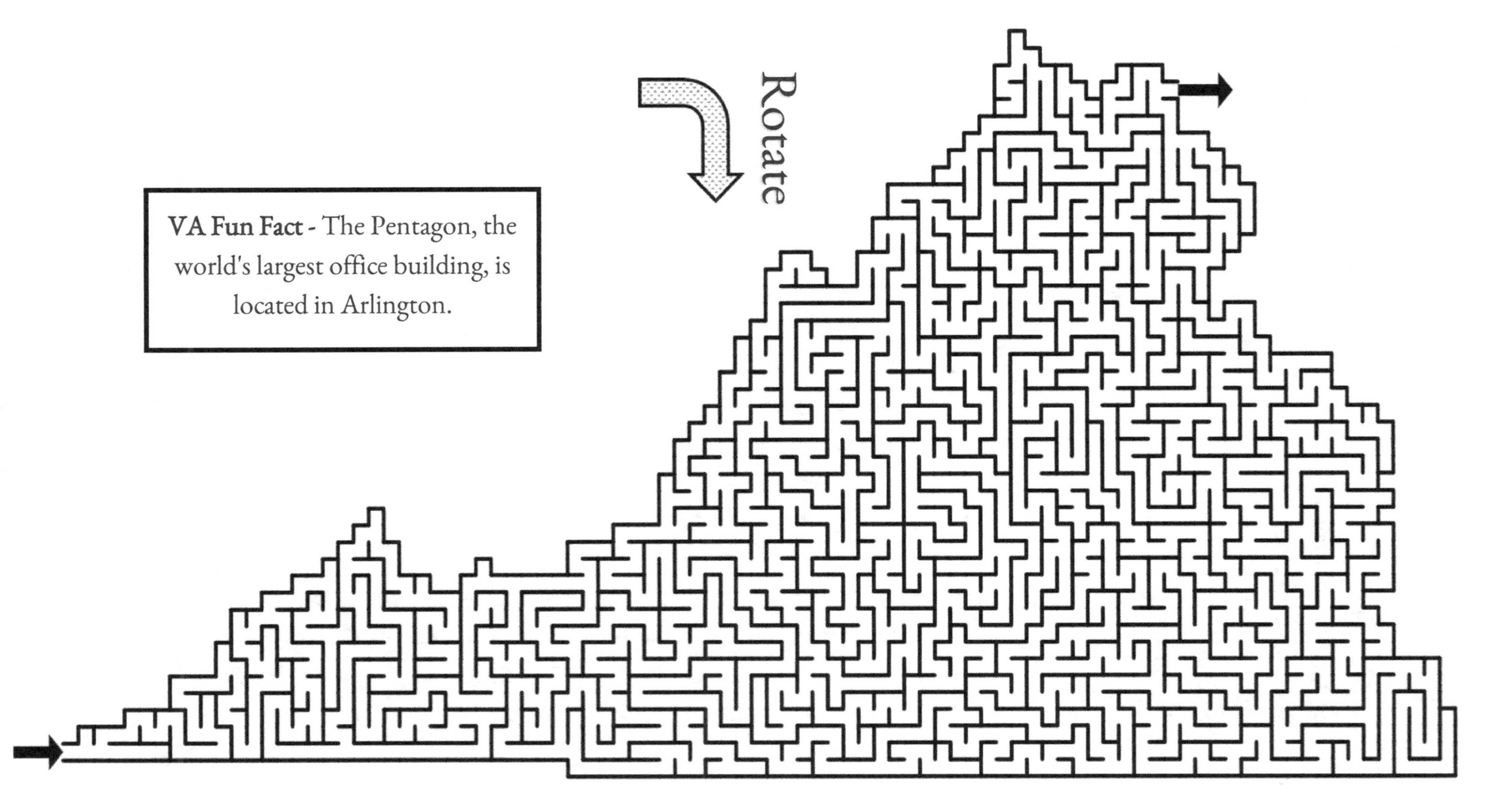

Rotate
VA Fun Fact - The Pentagon, the world's largest office building, is located in Arlington.

Vermont - VT

Entered Union: 1791
Nickname: Green Mountain State
Motto: "Freedom and Unity"
Bird: Hermit Thrush
Plant: Red Clover
Capital: Montpelier

Vermont

```
A M J B V P L A K E C H A M P L A I N F
D C W X S L R U U B J K X X U L N X M L
W A K I N G A R T H U R F L O U R M A J
T L B M O N T P E L I E R B V D D R S J
V V E P G N A Y H V Z R F W P A I C X U
S I R N T H O D B Q Z E T Q X D M N J Z
U N N N H H I G M A P L E S Y R U P Y O
S C I B D O O L R M G E G N T J O J J T
A O E D R N E T T I E S T E V E N S A R
N O S G M A J O S E P H S M I T H J R E
B L A Q M S T X U A E T R U T L A N D O
E I N I H D U T Y P A D V O X F D H P X
N D D K P O R C L T H O L F J L K C A S
N G E J D N I T O E L P C I V G P K D A
E E R Z S R B L Z Q B E N J E R R Y S W
T E S Z I P C J I L M O V U G J F V M O
T E D D Y B E A R R T E R B W F B P X D
B W T Y B T G Q V P Y H C O T B J D H F
P W W G E O R G E D E W E Y I A X F G Y
V D B B U R L I N G T O N W Z V U B P B
```

RUTLAND	MAPLESYRUP	NETTIESTEVENS
BENJERRYS	GEORGEDEWEY	LAKECHAMPLAIN
TEDDYBEAR	BRATTLEBORO	BERNIESANDERS
BURLINGTON	SUSANBENNETT	CALVINCOOLIDGE
MONTPELIER	JOSEPHSMITHJR	KINGARTHURFLOUR

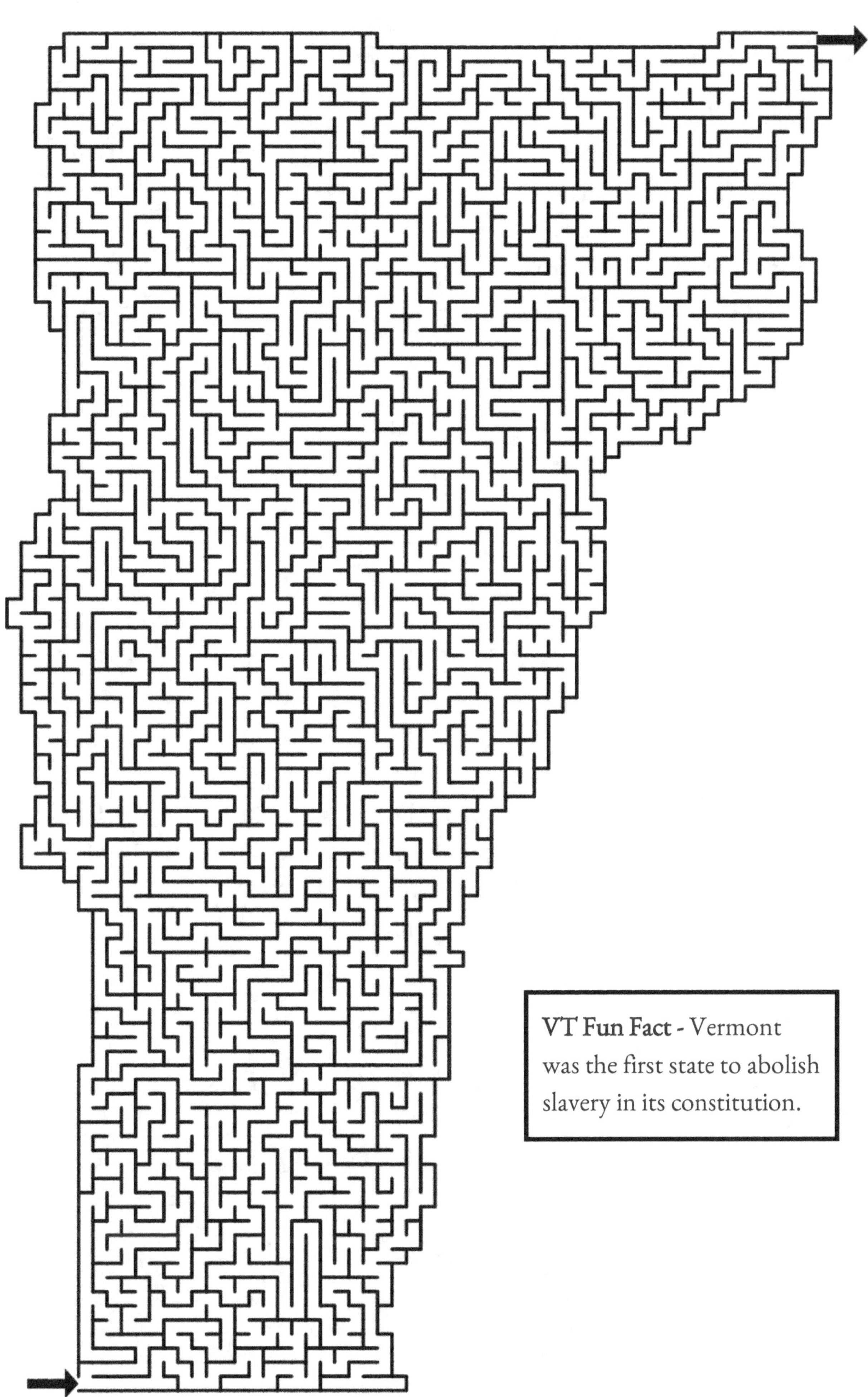

VT Fun Fact - Vermont was the first state to abolish slavery in its constitution.

Washington - WA

Entered Union: 1889
Nickname: Evergreen State
Motto: "Al-ki" (By and by)
Bird: American Goldfinch
Plant: Coast Rhododendron
Capital: Olympia

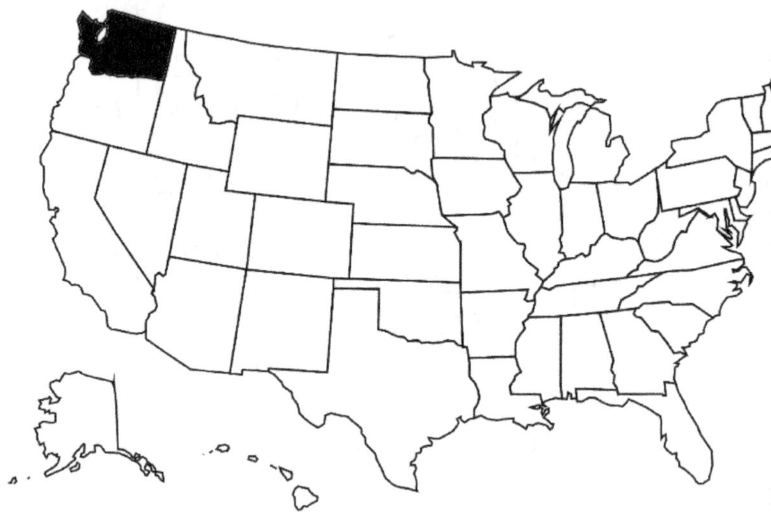

Washington

```
W B F O I K R J X B I N G C R O S B Y F
I Q H M M T Y M T U V Z T A C M S J E L
Y P I A U A X I E O R C U Z S B M M A Z
F U U E N V R G B I L L G A T E S Z N Q
D S Z P T I P I N F X S U O V S O O O P
B A E Q B F K V N J K Y Q Q X E E H B E
W U M A L I S I B E I M X W A A M K Q N
K G P Q H R T K A P R M B R M T G Z O K
V I X S H A R A S P Q S I S C T N P C A
S Z T P O K W Z C P D B R H N L C G P U
T T V O T H G K P O A Q D W E E H T M A
A V A K P Y A P S R M C O A B N R S B I
R A G A D P V X I R R A E Q X O D G H B
B M C N P U P P Q P F O Q N U G E R F U
U A X E X W G D A V Z X E Q E P U I I N
C Z V C P Y R K N H A C N P S E I V N X
K O X D S V Z V A N C O U V E R D Y Y G
S N Z U P U G E T S O U N D X X Y L O M
T C I V R G N B T V B W I Q P Q M M E T
E H S M T R A I N I E R D G S Y E P X S
```

TACOMA	SEAHAWKS	STARBUCKS
AMAZON	MARINERS	PUGETSOUND
BOEING	VANCOUVER	BINGCROSBY
SEATTLE	MTRAINIER	SPACENEEDLE
SPOKANE	BILLGATES	JIMIHENDRIX

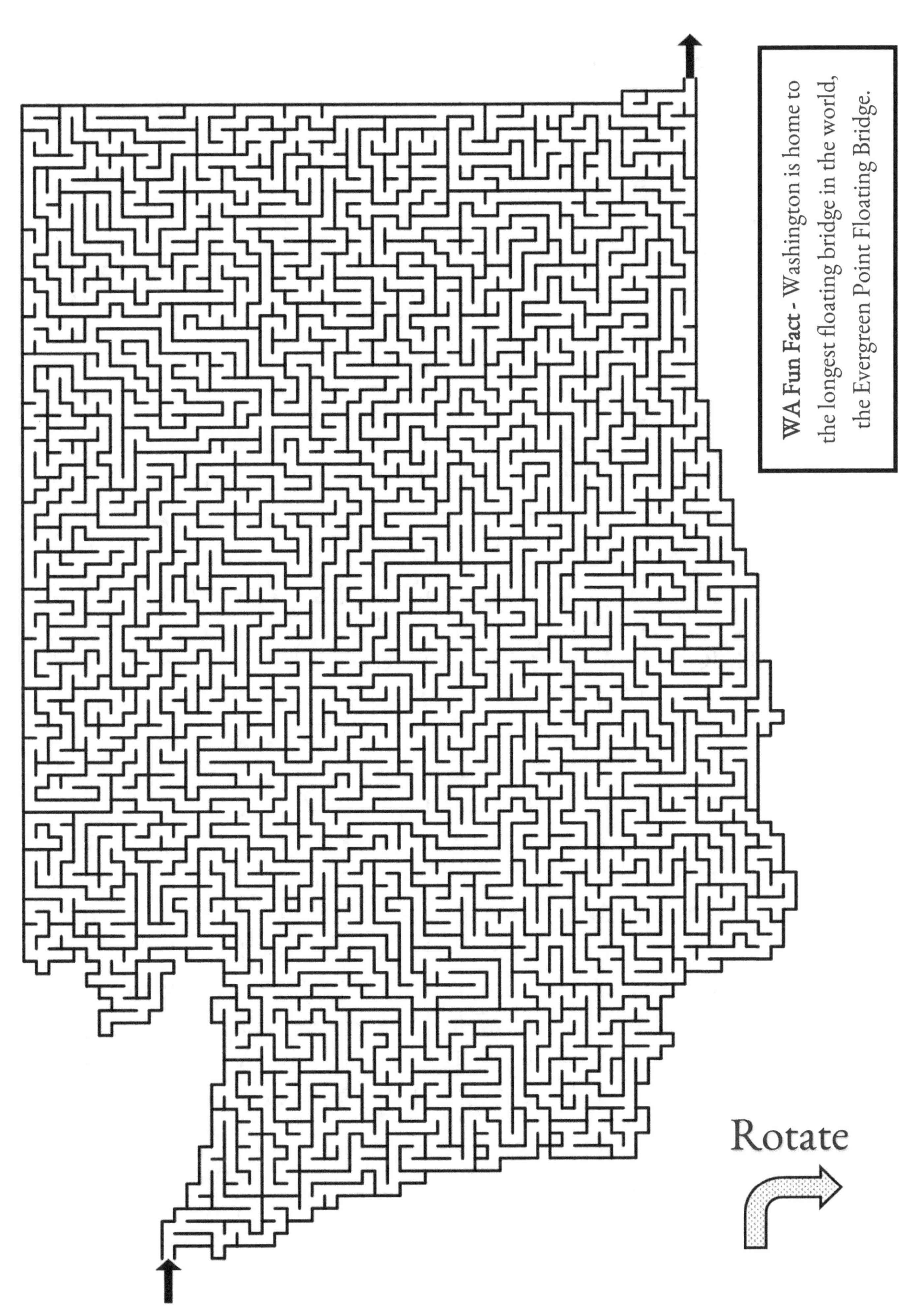

WA Fun Fact - Washington is home to the longest floating bridge in the world, the Evergreen Point Floating Bridge.
Rotate

Wisconsin - WI

Entered Union: 1848
Nickname: Badger State
Motto: "Forward"
Bird: American Robin
Plant: Wood Violet
Capital: Madison

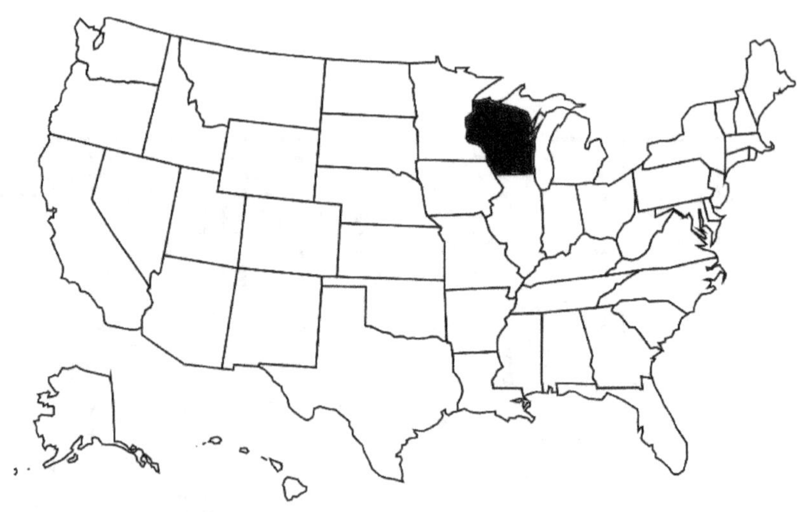

Wisconsin

```
O E L J O G A S A E F T D N G O U C O U
V A L F D A P P K E N O S H A K N P Q O
C U F F E A L U H L I B E R A C E L M H
Q C R R L B T F H I Z K H W T G F H M Z
G L X A L O Q K D H Z F A M A E R G I H
D A T N S P G T L Q N Q R Y L O V Q L I
R I K K O Z R J V W Y L L G A R B T W F
H R G L F Z E N N D G C E W M G R P A T
K E I L R F E Z A X K P Y W B I U A U K
S M S O W Y N U P E C V D K E A B C K I
X E A Y P Z B B G T M P A K A O R K E P
L O A D A L A U K D N G V C U K I E E V
G K R W I R Y M Z O R P I O F E T R W H
F L S R W S B B D L B D D W I E W S O A
J V C I R Q O R J C I A S O E F I P F X
D Y T G L D F N E D A G O G L F M I K J
E Z J H N U M F L W V H N T D E W V B L
B Z P T A S A E X D E E E K R M V A Q U
J D P W I A R P T O L R V Z M U P M M P
Q K T O S H K O S H V O S D C H E E S E
```

DELLS	OSHKOSH	EAUCLAIRE
CHEESE	BREWERS	LAMBEAUFIELD
MADISON	GREENBAY	GEORGIAOKEEFFE
KENOSHA	LIBERACE	HARLEYDAVIDSON
PACKERS	MILWAUKEE	FRANKLLOYDWRIGHT

WI Fun Fact - Wisconsin is home to the
largest water park in the U.S., Noah's
Ark, located in Wisconsin Dells.

West Virginia - WV

Entered Union: 1863
Nickname: Mountain State
Motto: "Montani semper liberi"
(Mountaineers are always free)
Bird: Northern Cardinal
Plant: Rhododendron
Capital: Charleston

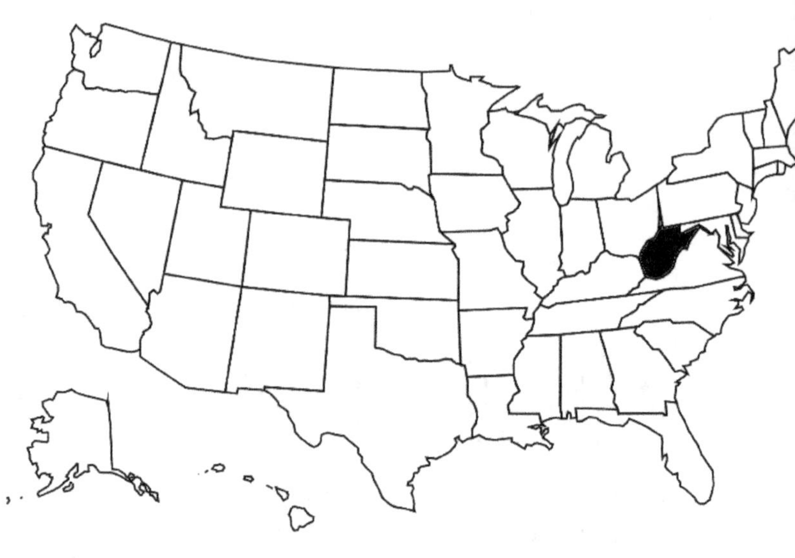

West Virginia

```
K L Q A T K Q N B P V W H E E L I N G Q
X F W T R Y U Z G T M F Q G C K T Q L A
B W M Q H C L A R K S B U R G C Q B T D
C D O I Y U T H S B R A D P A I S L E Y
G O R E P N N X A T C K X J E J O V P Q
F N G J H Q E D J R E I N A L D B E H E
N K A F X T K W E N P V R M X P V B Y K
X N N O A C X H R R T E E H Q H H C L J
G O T S N U Y L O I I I R H Z F V W V Q
Y T O U B V I B Y C V N G S A J S N A Z
V T W D K E K C S E H E G B F R D S J C
Y S N E Z T V Y N W T A R H W E V Y S D
I C O A L M I N I N G K R G E R R E J J
M M U R W X J A Y M T H P L O R R R Y M
O L H M Y E G V C Y Y L J P E R D V Y T
C S E N E C A C A V E R N S H S G N T E
P A R K E R S B U R G K D F I P T E Y Q
F Q M O U N T A I N E E R S C T B O J G
A N M V Q L U C U K X N N F A H J L N K
P T A O J F E M O T H M A N M U S E U M
```

WHEELING	CLARKSBURG	MOUNTAINEERS
DONKNOTTS	PARKERSBURG	NEWRIVERGORGE
CHARLESTON	BRADPAISLEY	MOTHMANMUSEUM
COALMINING	STEVEHARVEY	SENECACAVERNS
MORGANTOWN	HARPERSFERRY	THUNDERINGHERD

Rotate

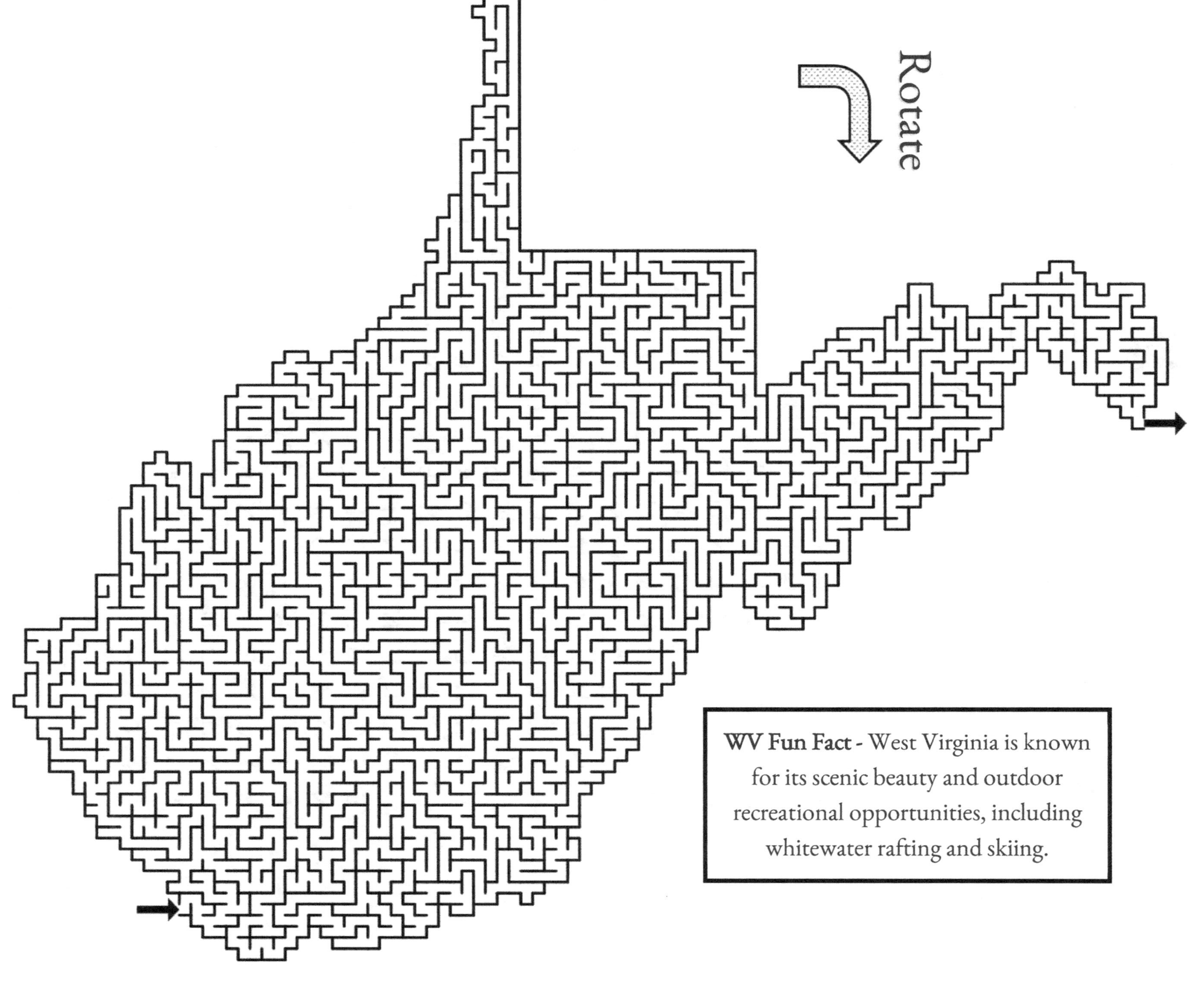

WV Fun Fact - West Virginia is known for its scenic beauty and outdoor recreational opportunities, including whitewater rafting and skiing.

Wyoming – WY

Entered Union: 1890
Nickname: Equality State
Motto: "Equal Rights"
Bird: Western Meadowlark
Plant: Indian Paintbrush
Capital: Cheyenne

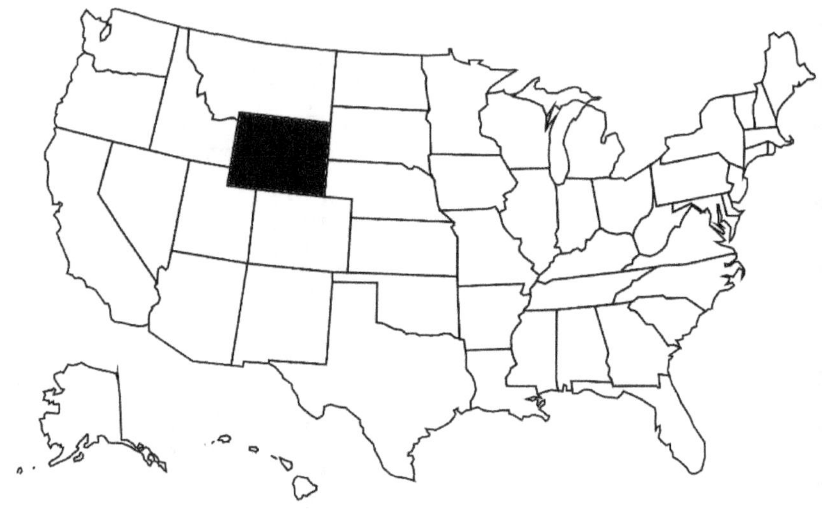

Wyoming

```
Y I V T B N Q C I C S C A S P E R E J O
F E G R A N D T E T O N S Y Q W J H L J
H B L Z O E L M J H U C O W B O Y S R D
N T Q L G R A N D T A R G H E E E V Z H
O E Q D O J O U F Y B R I I T H X Y S J
H A D Z D W R S U W O U D C Y T G I I A
L C J A C K S O N P O L L O C K O H B F
Y P H K Z W H T X P R E Q V D U N W G O
N J K E J M N H O G T Q P U E W V K R M
N R G J Y I N H Y N F M O A Q I O M E W
E O X X G E K K O R E E E G Y I D U E T
C C P A D Y N O K E V A N S T O N W N U
H K X K U N S N J A P G X V Q I K I R N
E S O P M X S G E Q I H U H V F D P I C
N P O K P H T Q X A N T R W D Z K R V O
E R S H E R I D A N W P H C F Q K A E X
Y I G F B I S O N B U R G E R S B W R H
Q N H C O D Y X X B N U B B N S Y Q S I
I G H E X P H L A R A M I E D G S D D Y
I S F U Q V B O T C C N E E B X D S Q L
```

CODY	SHERIDAN	GRANDTETONS
CASPER	EVANSTON	YELLOWSTONE
LARAMIE	GREENRIVER	GRANDTARGHEE
COWBOYS	ROCKSPRINGS	BISONBURGERS
CHEYENNE	LYNNECHENEY	JACKSONPOLLOCK

Rotate

WY Fun Fact - Boasts Grand Teton National Park, known for its stunning mountain landscapes

Congratulations!

Are you ready for the Bonus Materials?

UT

AZ

US Four Corners States

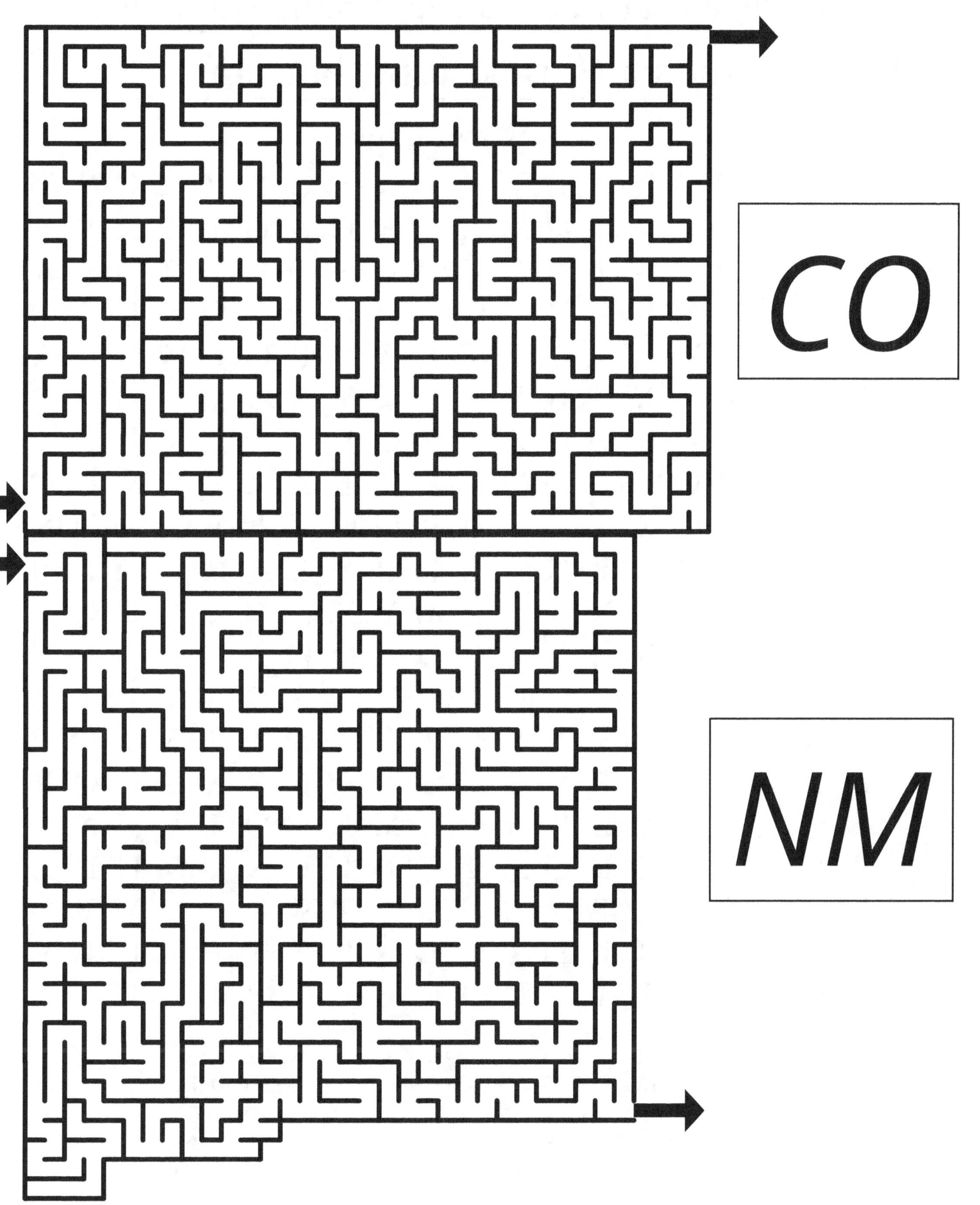

Knowledge Test: Find the 15 State Capitals of the states listed at the bottom

Bonus State Capitals

```
C P S T P E A P V F V U E Q B R K C V M
Y R M L V O T D M C A F C A H I T A Y X
B O N O T G I N L Z P C J O R Y V Q K R
F V D U N R F V X G C F A D L D X E R Q
L I Z E W T Y T Y I L W E B G U W G K R
Y D Q M V X G P B X S E V W W M M H V Q
D E U K C D W O Z H X G E T E R V B C I
I N Y H G X Z E M P E Z L A A L T V U C
X C Q N O Z T J Z E B G G L F L X A N S
S E F J L N L G A L R P V L I N C O L N
S A P P H Q O A U A M Y M A M D Y C Q Y
D A N V Z X X L G G D C O H A R B D F H
E M C T R S S C U I O O N A D S Y W I Z
S W U R A C V X S L T L T S I T S T Q P
M Z U S A F R V T V U Y P S S S X D H O V
O A R E O M E K A C K M E E O T B H N E
I C K X V D E Q M T Q P L E N H M H D H
N F G O U C P N L H D I I W K N P M V D
E Q X O O T R E T G L A E S T P A U L V
S O X D R F I Y U O C B R J P I E R R E
```

IOWA	FLORIDA	WISCONSIN
OHIO	VERMONT	CALIFORNIA
MAINE	NEBRASKA	WASHINGTON
HAWAII	MINNESOTA	RHODEISLAND
ALABAMA	NEWMEXICO	SOUTHDAKOTA

Knowledge Test: Find the 15 Nicknames of the states listed at the bottom

Bonus State Nicknames

L P V O F U R B Z M J J Y X C M X W E X
Y C V Z N A E H Q G T A S J W A H O R Y
Q Q L A Z J Y C G U H E S J A G S X L A
X S E Q D P A L M E T T O Y R N C W A H
O E U V F C L W O L W X K Y E O E E S G
J X Q N J Q N J N S A Q Q S N L N X T G
R S M U F E I I Q E G A D K F I T K F U
D O A D T L N N A T U R A L N A E G R F
O X L V G K O T T M C M Y W Q G N F O H
L G L D H P W W R O L D L I N E N N N Z
Q Q E Z D U S K E E N I Q T W N I P T C
Y I O M B O U I N R A Y L U D S A G I P
A V M N U D M E L U Y S O H G F L A E C
S Q F S R Y U I S V B S U H Q E C U R W
I J W D O W K Y N Z E E E R O S X C A E
I A G A F O Q M S I P R E M E G L I O C
M R W I I Z N G F D O C P H P B C D T Z
G T D O R U K E P L X N I A I I E T J S
V V K S S D J Y R I N B Y O D V R B I C
I C G X T X R M J O U K S O T L E E J O

UTAH	NEWYORK	MARYLAND
IDAHO	WYOMING	OKLAHOMA
ALASKA	ARKANSAS	VIRGINIA
KANSAS	COLORADO	MISSISSIPPI
NEVADA	DELAWARE	SOUTHCAROLINA

Knowledge Test: Label each of the US state outlines below with the correct state abbreviation

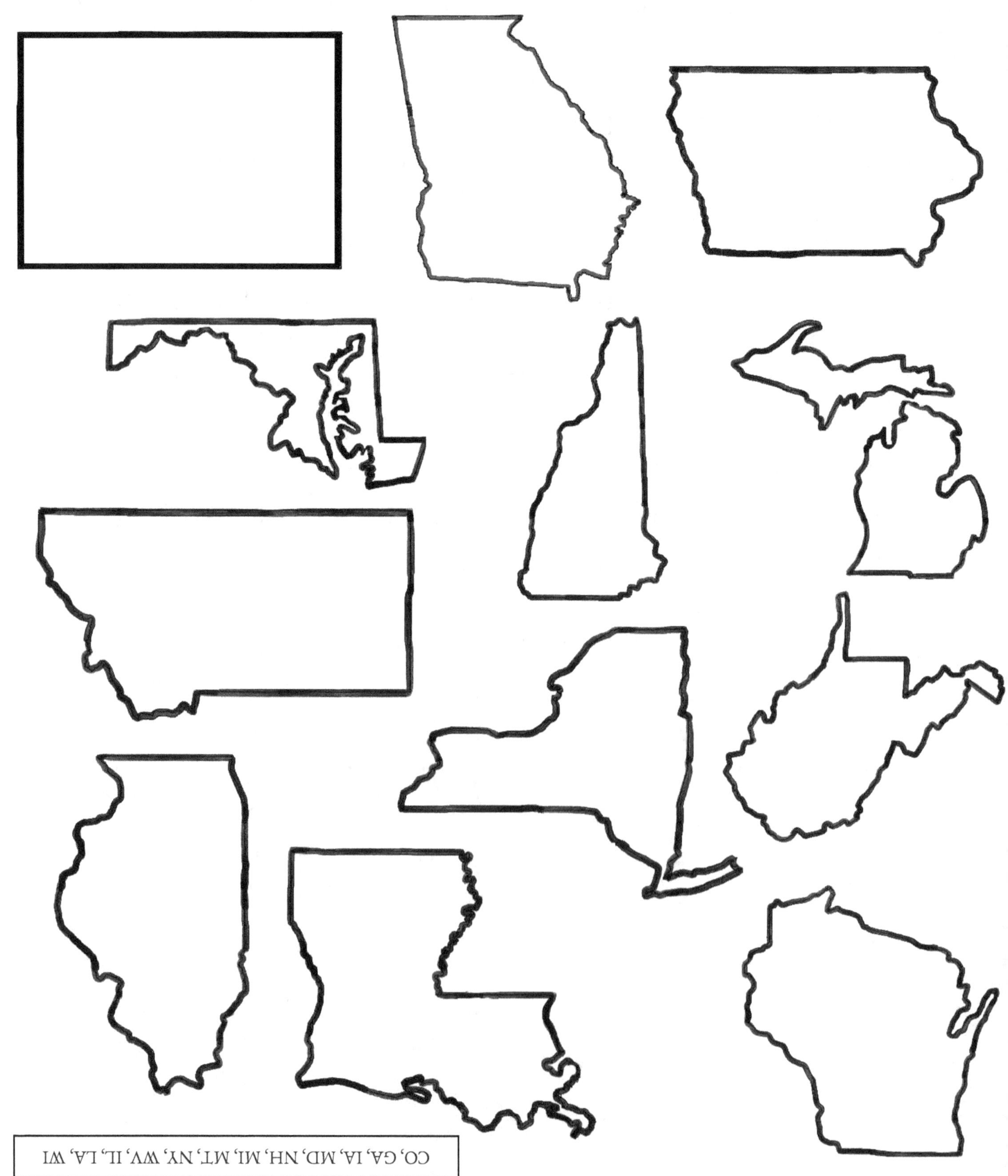

The Continental United States

Rotate

Last Maze – Can you make it out of the United States? We hope you enjoyed the activities.

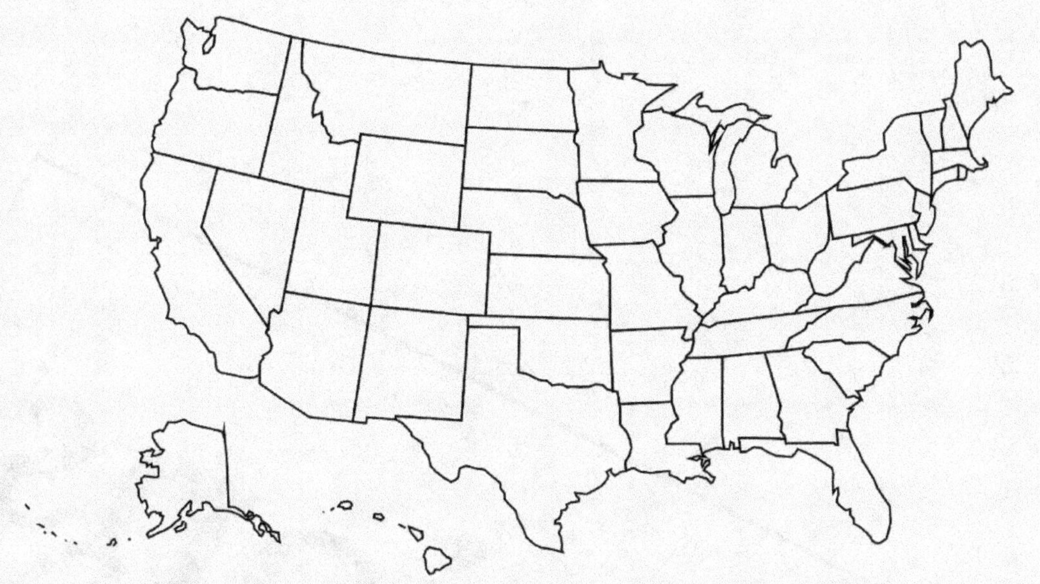

CERTIFICATE OF ACHIEVEMENT

is awarded to

In recognition of making it through the activities

contained within the US State Activity Book 4.

LLOYD & LELAND LLEWELLYN   DATE

Master Maze Makers

Solutions

State Word Search and Mazes

AK

```
U B G Q P Q D B Z V H V W X F S R I E J
H E Q R H Q R M D Z D P N U V O E P F U
U R G I I O V G D C B A Z G T R O X Z N
F I N Q R Z M R P U H C P C I R U S W E
O N Y F J E Z E J M F J M M D C D A A U
C G G O T X G L R I S N L H I Q C C F U
I S Z E Q H F Z Y M O M S Y T Y F B A K
B E F S B E M P J B J W F C A J R K I E
Z A U K M I U C Q Z E C D N R O V M R N
M A N I O G O S S E P A C A O V E K B A
M O K M G A T B D J A F R M D O U I A H
A H J O N V Q C N J H D L S I Y Q T N E
L A L E U T I A N I S L A N D S F D K J
S F W T J G L A S T F R O N T I E R S R
T P T I J N O R T H E R N L I G H T S R
C I Q L W L C Z Z L G C X P B N I M S O
M F D E N A L I Y I Y H P S W J A G L S
J W X F I Z B O B R O S S F I K L K H B
M V K Y M O U N T M C K I N L E Y N W D
M F C U U A N C H O R A G E U R D V X P
```

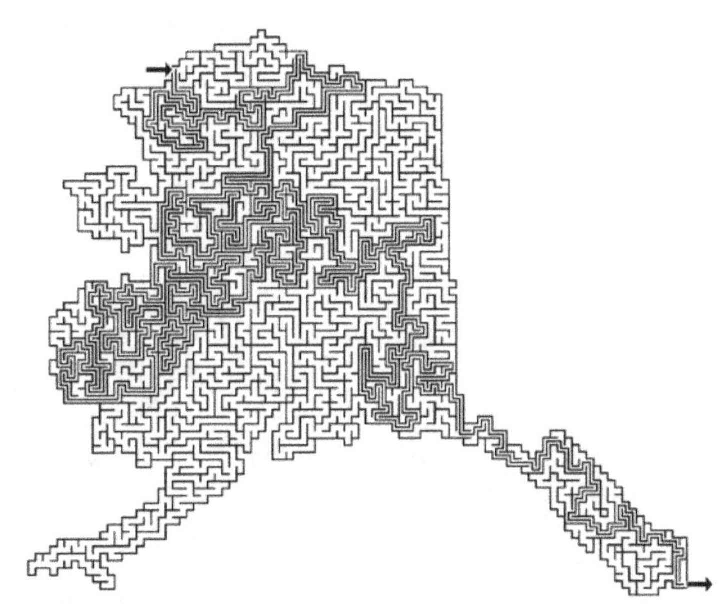

AL

```
J U R S T D H A R P E R L E E U V E U L
X S O U G U J B I R M I N G H A M Z J I
R M M F H O S X H M R J Y D S S V L W P
H A O K S Y A C M O B I L E C H Y S I C
Q S R N Z J D U A F Q S D Y E U E I D A
Y B V T T M R J B L T S U L R W L S J M
E J C W J G L R Z U O P C S S A L W N E
I Z H L J V O F O W R O N P P F O K A L
X G T U H L D M H S J N S H M U W C H I
C S X Z N N C V E A A X W A I G H I V A
U Q E R A T A R M R N P E Q B K A V A C
H H W L O S S T I Z Y K A Y A M M I S H
O Q H K M N D V K M S U A R Z N M L K Q
O X V E Y A G F I I S B O A K M E R X D
F X B F J U N Y K L N O U I R S R I Y X
B S W P D N D A J I L G N Z P O O G A E
B Y H G V I M F C Z E E C T M U N H N L
R P D O F H C J H L R G B O I G H T F H
G N O C V A I Y A M L U A W L D M S P A
B U H D D O P V V R C D X K K E E K Y M
```

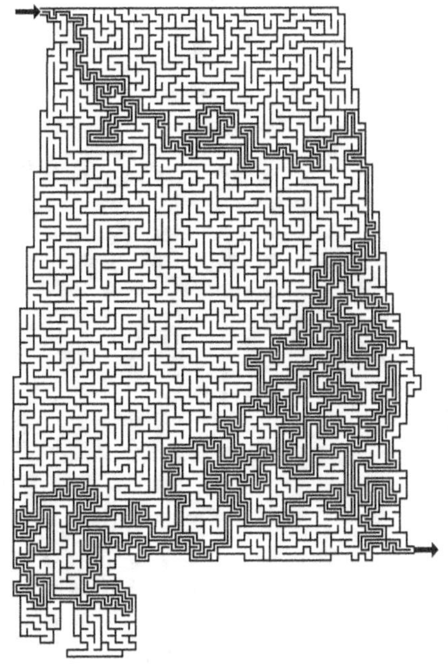

AR

```
K C A L G R E E N O Z A R K S J S K W S
L I J U P H S D P C S L B A T K Y S M L
C Z Y D I O I G R J O N E S B O R O B Q
O U C W D T F B I L L C L I N T O N X M
W A B Z S S M A T B S I G L R Z X D B X
B F F K L P X L Y C L G T E I J C U G C
P V F U I R G N S E P R F T O P I Q M J
I V S B U I H P O B T G J B L M O J W Q
N E D E D N S A N R W T I N I E P B Y H
E G M N I G W O F O D A E J Y Y R B T F
B R Z T A S P S O W M D L V C I T O G L
L M G O M U Z P O N J B O M I Q H A C N
U O W N O D W V C Y O I A L P N X K J
F U I V N A B K S B I U R U H R L Y P H
F A O I D Y I C P O P D D M H Z T E H K
Y C W L S S O K Q A W K R H S M Y N T X
C H A L M B J O R R Y S U L Z U T K S P
D I G E Z T D J L D K C X J P R H S S T
U T J O H N N Y C A S H B H L A A F L A
A A E K S U N Z T G C C R N F P W V H D
```

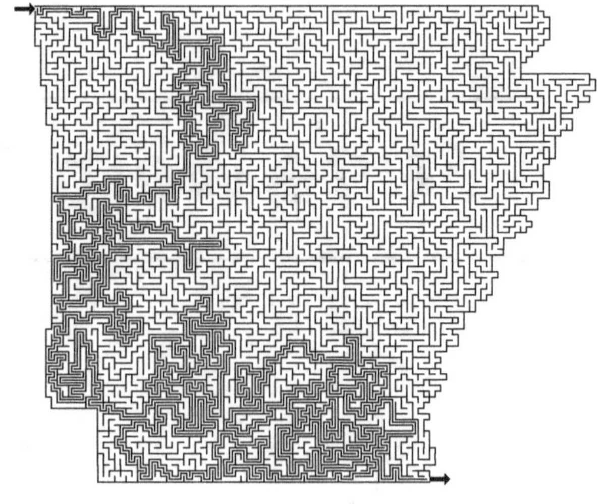

AZ

```
S H N U Y Z L G R A N D C A N Y O N C G
I A Q P L W R C Y S C A M E L B A C K R
N L G J S A N D R A D A Y O C O N N O R
O U L U P I I T X X L X G T K B R K N U
R W T K A E H H O G Y J F R B S D K S H
X O W U Q R T F T M O R Q V K B X C C L
K M K W C D O R G G B K O N J X T A O Z
M D O C J S U A I G K S G Z Z X Q U T H
S S K N O E O D G F H K T N R Y B A T W
U A V H U R E N F B I F L O M L L L S I
C G P Q U M A Y A Z B E H G N L V X D K
P W H Y G R E L Z C Y D D H Z E I S A M
E U O E X D G N E T B C U F A E C G L Q
O X E E A T C H T L C J K G O Q K O E J
R W N J N T H O O V E R D A M R M U Y F
I V I B A W F C C W A Z H W T K E E F M
A N X P S E Z H N V Q L B P C V N S I R
O J G E R O N I M O N U L L Q Q L X T M
F I Q K U E Z N I Y U W U E L X J O T W
X L M E S A L H Z F S P V E Y N I K V Z
```

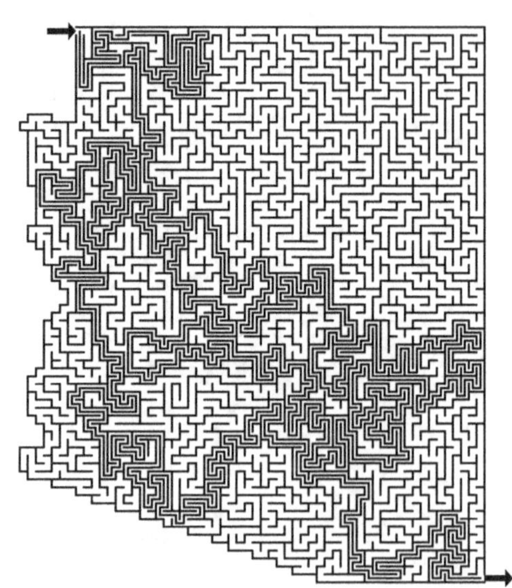

CA

```
T G L M S A C R A M E N T O G U Z P J B
O Q A P P L E H A N W H O L L Y W O O D
D W V C Y O I P N X I A B K I U R U H Y
P H O Y F A C E B O O K I C P P D D M H
Z H K Y G W S O K Q W Y O S E M I T E K
R H S M O Y N T X C A M B J O R Y S U L
D Z U T L K S R E D W O O D S P D G Z T
O D J L D K S A N D I E G O C X J P M R
D H S S E T U B H L A A F L A A E K A S
G U N Z N T G C L O S A N G E L E S R C
E R N F G S I L I C O N V A L L E Y I P
R N A P A V A L L E Y W V H D N Z W L H
S A E T T B E Z N E Z S P S M C R F J J
U I B H E B R U C E L E E N R E J Y N H
W X E E B Y J X A N W G N S W F I O M R
K G X U R A G V I U M M O D L U A I O Y
F H H C I I V Z V O W B W O K T G R N Q
B R X W D A R J M V U G V D G F A L R M
D T H D G P W Z Q S K J Z B A L A T O X
X T P G E F K B M G F R H Q E L K E M
```

CO

```
V N R A S P E N A C U N D H X I W X P Q
R Q O T G W U Y Y T P K M A Y Q R W E U
S L C Q F A E L S A Z U V H X E D E U T
U M K K O H R S I M A T E Y A R P S S V
K L I H A R T D T S R T O B Z Q S T B C
L L E X Y V L F E E E X G X L W H M O P
L Z S L V L T V D N R M O U G O C I U U
X V X J G U H C F N O N H D U F Z N L P
B U L A G G M Z C P M F U R K S T S D I
E Q P B Z V W H Y C V F T N F P L T E K
E Q G Q R M X D M Z T Z R H I D R E R E
L I I J O H N D E N V E R A E O K R H S
W G P U I K A O Z M T Q S J H G N F G P
C O L O R A D O S P R I N G S L O R G E
E Q G E R A L D F O R D X I I I R D Q A
J B Y F I N A R X A F X M Y N F H V S K
K G L E N N M I L L E R N G B U L S R U
A A L Q J N P O V C O M B R O N C O S A
P R X C Q L M I L E H I G H C I T Y H X
G F O R T C O L L I N S R L N T F Y L X
```

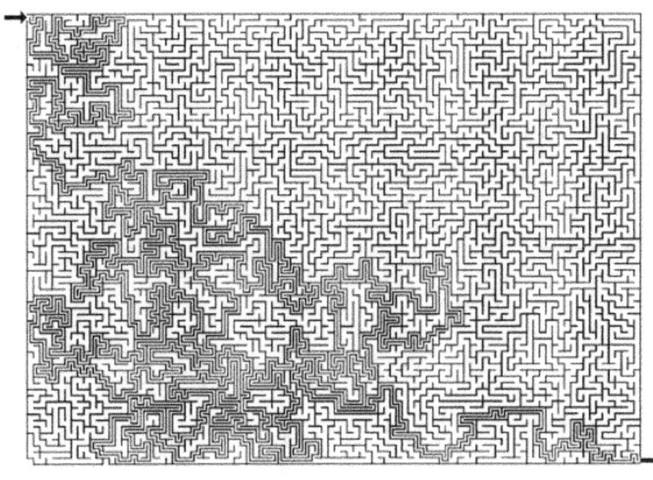

CT

```
B N B C K I C I W X V B C W D X V T O S
M S S R I A P E Z C A N D Y N L G H D C
R K T X I A T M K C V N L R L H T N E W
K Z A Q Z D S H D R A Q D H X G J O R H
P E M G R S G Z A E E R Q L K D P H O O
Y N F E H N B E F R H R J O P Q Y E I F
Y T O N M X O M P M I B H A R T F O R D
A Q R E E S B A P O V N R W K G U Y N W
L E D R V N O K H C R E E I H M O A Z L
E N L A N D P F F W E T B H W B L D W K
U Q S L P L G D V G E O R G E W B U S H
N J I E D Q U S R T D B E F Q P H U V N
I Z W L K A I N X T D P S I O W B M K F
V U O E V P G M J J R O Z T Y J V U M I
E S W C T R A V E L E R S J E B J G R U
R M W T D B S P L X K Z T Z G R G I P N
S X X R P E S P N W G L I N O R W A L K
I O D I E Y E N L O L L I P O P E Z A A
T D C C S I N S U R A N C E T N Q D N J
Y D T P L J M I R O G E R S P E R R Y Z
```

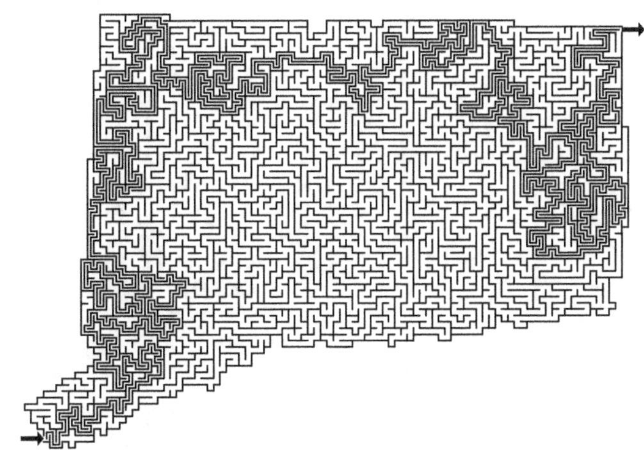

DE

```
G J P M W O D J Y Y B T F R D U P O N T
Z P P U S M D N C I T G L M G S U Z P J
B O Q M N H A N E W D W V C G L Y O I P
N X I A O K B K I W U R U H E I Y P W H
O H Y I C R I P P D A D M H O P Z H I K
Y W O S O K G N Q W K R R H R P S M L Y
F N T R X C A A C M B J K O G E R Y M S
R I U L S Z U T N H K S P D E R G Z I D
E T R D M E J L K C U C X J T Y P R N O
H S S S I S T U B H N H L O D A A G V
O F L A T A L H E K S A K U W U N Z T E
B T G C C S R F O N F P S I N M W V O R
O S H D N Z T W O E H A E E N P T B N D
T E Z N E Z A S R C P S M C L R F J O
H A U I B H N R T E D R J Y H I W X E W
B F E Y J X A N W E N S A W F N I O R N
E O K G X U A G V I U M M B D G L U A S
A R K A L M A R N Y C K E L S I Y F H H
C D O V E R C I V Z V O W B W K T G R Q
H B R X W A R J M V U G V D F A L M D T
```

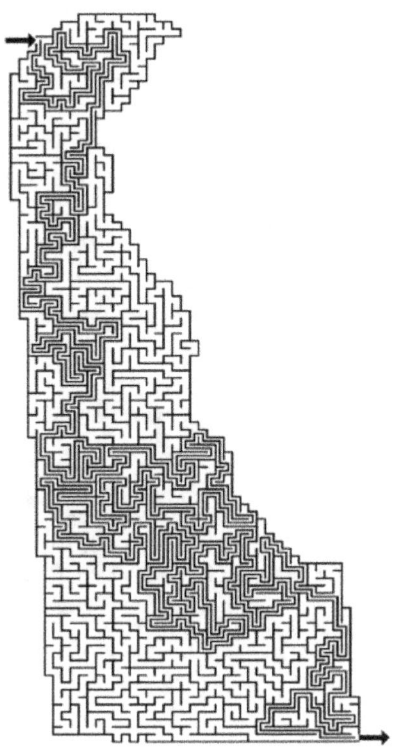

FL

```
F O C U C U N I V E R S A L F A O T L K
U I M J A N E T R E N O Y G N F J P V W
K E I G D X X T M E Z B H T D M T S G F
C E A N O Z T B T A L L A H A S S E E E
C B N R Z Z V I F Z F D S R H S T O L W
B F U N O F I K R J X F I Q H M T Y M T
U V Z C E T O A C M S J E L Y P I A U X
I E O R C D D R C D I S N E Y W O R L D
U Z S G B A Y A T M M A Z F U U E N V G
E Z N A Q D N S Y L Z P T I P N F X S U
V O V T O O O E P T A M I A M I P B A Q
E B F O K V K Y E A O U N A S A Q Q X E
R B H R B E W U M R C N D L I S I B M X
G O W A A M K Q N K S F A E G P Q R K A
L B P D B R M G Z O K V C I R X H R P Q
A R S E C N P C A Z T O K T Z D D B R N
D O C G P U T V T H G P Q D R W A H T M
E S A V S I D N E Y P O I T I E R L A P
S S Y A P R O A R S B I G D P V X I E R
R Q X J A C K S O N V I L L E G H B C P
```

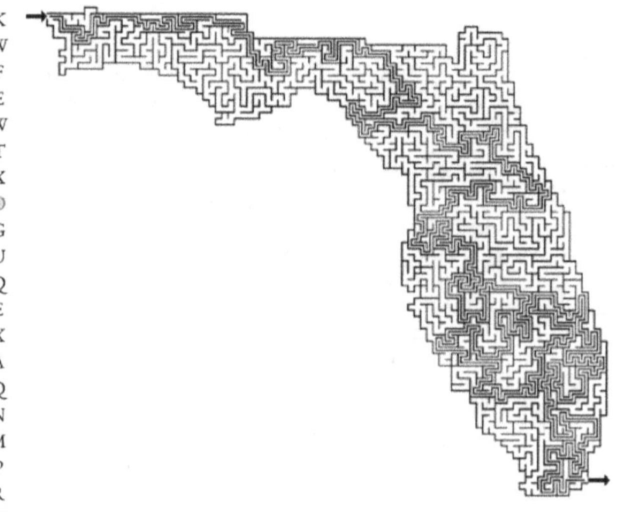

GA

```
L J V L D Z A R H M E J U Y T C J D K N
Y G E K E T G G H E T Y C O B B Z P P I
L B O M K C D E S O I B J G V L Q Y V D
W C K H H G B N E N F N C V V N W H J Y
Y L E A Q N T S W C Z N I Q L E T I I G
B P F U M C D A I Q H D E L Q B T P M A
E G E G N Y Y K X L S E O X W H F C M J
R U N U S P A M Y Q S W E E T T E A Y V
A O O S A T T Z A J A A U K Z B Y F C O
Y W K T V D L Z U O R T I M U O Q R A R
C A E A A M A G N K W I H Z P N I Z R Z
H J E U N Z N K T E Y Q H E X K D W T P
A T I D N K T A U K M B X X N Y G A E W
R O O W A O A X Q N H J S G Z S Z E R K
L W U E H F X O M A C O N G S Z T U X Q
E S M A R T I N L U T H E R K I N G J R
S D N H R T H E V A R S I T Y K V P B I
W L V A L D O S T A A D L A H V X C A D
A P J S O C N L T F P H M H R I W S Q T
D R W P S E L C O C A C O L A Q G L T G
```

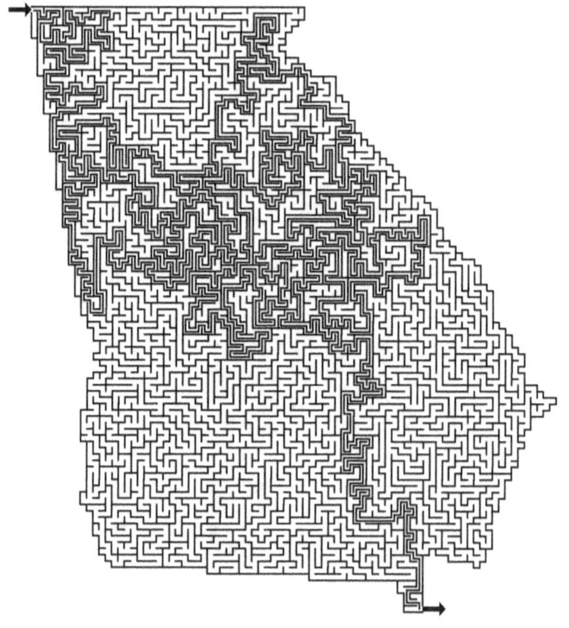

HI

```
M T S B I B T N M P D Z I H N U D Y P Z
L A C G I Q P L W R C Y S R N L I J E O
U L U I I X X L X G T K B R K N A U A R
W K H N H G Y J F K R B S D K H M X R W
Q F A T A O R Q V I K K B B X C O L L K
W H D L G L G K O L A N J A X T N A H Z
M D O J O U O A G A M K G R Z Z D X A Q
U H S N S H K A E U E D G A H K H N R R
Y B A W O U A A V E H H E C F B E F B L
M L H L L L I C G A A Q U K Y A A Z O B
H G I L V X U K W Y M G R O Z D D C R Y
M D L H Z I S L M U E E X B D G O E T B
A C O U A E C G U Q H X E A A T C N H L
U C J K A H U L U I A K G M Q K O J H W
I J N T M U W A I K I K I A Y F V B A O
W F C C W Z H W T K E F M N P S E Z H N
V Q B P C V N I R O J N W A I L U K U U
L Q W A I A N A P A N A P A Q L X M F I
Q K U E Z N I Y U W U L X J O T W X L L
H Z F S P V E N I K V Z U Q E U E M S Z
```

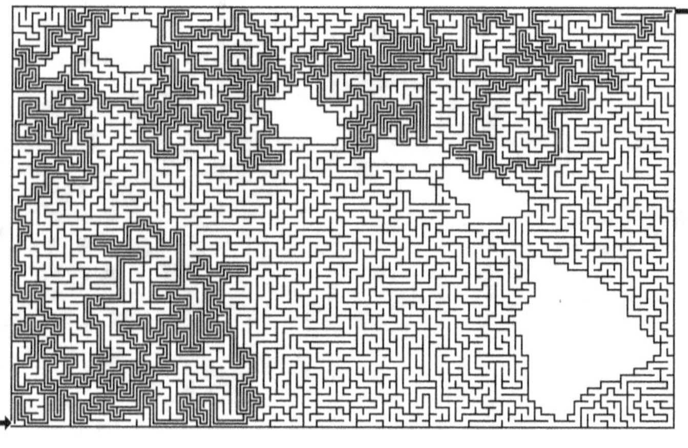

```
N D E F F I G Y M O U N D S W K G Y D M
F W G M V D D X W Z H W A T E R L O O K
S L M J Y V Q J Z C E D E S M O I N E S
R O S F R P P O Y N R T B L S P R F K V
J I R J T K U H G T B S O B K R E C G W
H X M X W Z Q N H S E F N Y Y Q T H Z L
Q A T V L Z P D D B R Z N U F B B C J Y
O G S U O W C E H C T A I F T U N T F H
E M B H P M R E T N H R E O T S G M P A
W C S C T O L R J J O A A F L C R U H W
I L I N E O B E G B O V N M F Y A S H K
O H O V T D N F O H V W D C B C N I P E
S Y U X R G A K J A E P C J G L T C A Y
Q V X P M E Q R U T R F L M F O W M L E
T E C T G N Z V R T V V Y Y W N O A L S
Q E I U D W D E M A C M D L M E O N D A
Z H T R S M D Y X W P H E S E S D K R Z
F N Y X B Z N W C K Z I E G W L R J O R
J W J B I M A F I S J T D R K J Y Y G A
X U W J O H N W A Y N E Z S E W G B I Y
```

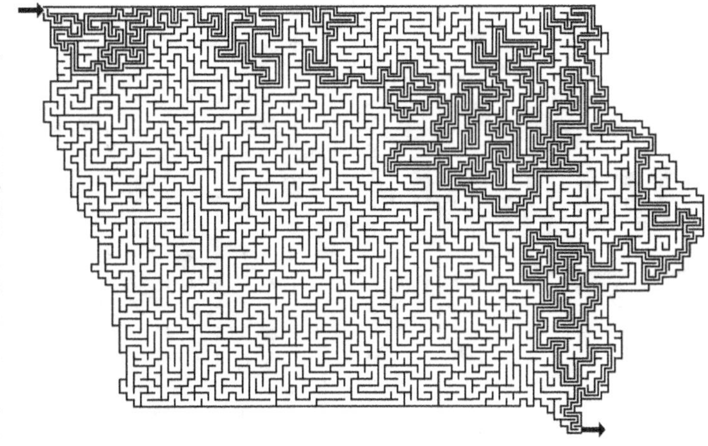


```
E I D A H O F A L L S G L O Q N M A V X
W A D V Q J Z Y X G R K H T Q N T B E J
V S N B D C O E U R D A L E N E B O S Q
O T A L B E R T S O N S S L L Q M I O L
C Y K A W R R G Y L X L H E B U A S T H
S P H I L O F A R N S W O R T H B E X J
A U N X N Z J D L Y P O S W Z O E S Q G
L Z Y P R W A W Y U W S H C Y P Z P L S
M S C E J G C S K O Q Z O C M O R Z R E
O N H T L Q X E F P A F N M Y C A A I Q
N A C E W L H F O A I X E G L A T Q Q Z
C K G P L I O B T O S Y F E Q T A C K G
H E C P S L N W B P B R A S I E F X G I
A R G D P R S F S T F Q L A V L T S T K
L I L S M P C C A T U Z L I X L B P B Y
V E D Q O W L A L O O S D U O E U G J
I E M A P D S B L N L N V V V H N L J
S R H K S E A C U D Y S E F X U S C J I
F E C M O O M D O R N O P N I K O U W W
E P O T A T O E S W D H N X I H N R M M
```

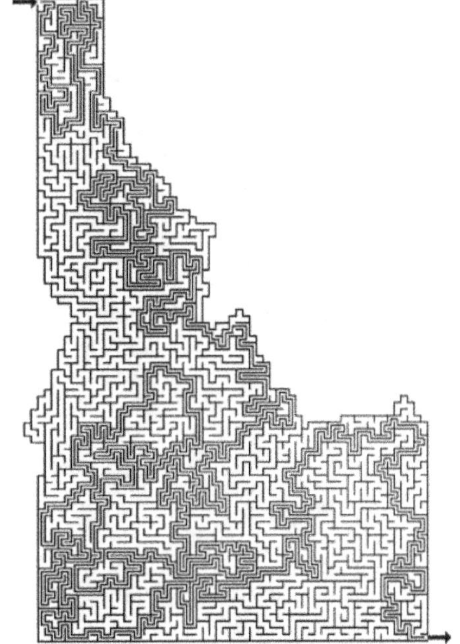


```
N A B L Q I H J I C Z J P W Z H I I Y Y
C N K M M A I K C J A S K W S W L I J U
P S D P C S L B A T K T Y S M A L C Z Y
D I I G R B Q O U C W D E X M L W A B B
R O N A L D R E A G A N Z R S T M B U S
G L R Z X C H I C A G O D B P D X B L F
C U B S F M E T R O P O L I S K L L X
S L C L G E I J C U G C V F U S L I S G
E N P R F O P I Q M J V S U H N P L G J
A B M O J W Q E D S A I N I P E B Y A H
R A G M W O D J Y Y B T F R Z Y P S M R
S D L L A N D O F L I N C O L N W C I T
T G L C M G U Z P J B O T Q H A A N W D
O W V C A Y J O L I E T W O I P U N X I
W A B K I P U R U H Y P I H O Y K I C P
E P D D M H O Z H K Y W N S O K E Q W K
R R H S M Y N N T X C A K M B J G O R Y
S U N A U V O O E L Z U I T K S A P D G
Z T D J L K C X J P R H E S S T N U B H
L S P R I N G F I E L D S A A F L A A E
```

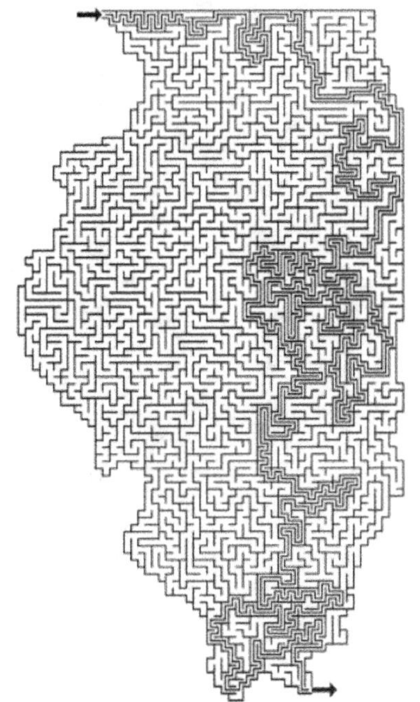

IN

```
D W O E F C B L O O M I N G T O N S H L
C D I P Y B R J Q C F P R S O F E R V B
A A C O V E R E D B R I D G E S V U M Z
R V M B D W D V D E P Y M E W N O N H Q
T I D I I M S O E Q J J S J F M W O E
F D D X C I A B L H N E E Q C Q V Z L E
O L J M V H D Q I E O B P I S G S C I Y
R E C I L Y A T L M P O A W V Q Y Z D U
T T O C L K B E I Q U O S C M X F Q A I
W I N N J T G R L S I T I H E G N Y N
A E G U D B C R L J K B B F E E Q O W D
Y R D Q A F A E Y G A U T T S R R T O I
N M Y J F M L H S Z S C E S B X X R R A
E A H D R L U A F C N G K H D K X E L N
G N E P E Z M U J X R H H S X U Z D A
X A M D P N E T B N V F E H O K H A U P
R O R Y B M T E C R Q B A O T N I M V O
Q C V Y N P Z D C A Q Y F V F Q C E A L
H R Y J D A B U C B I V P U R D U E J I
E M L A A A Z D D Z U C F Q I W S I E S
```

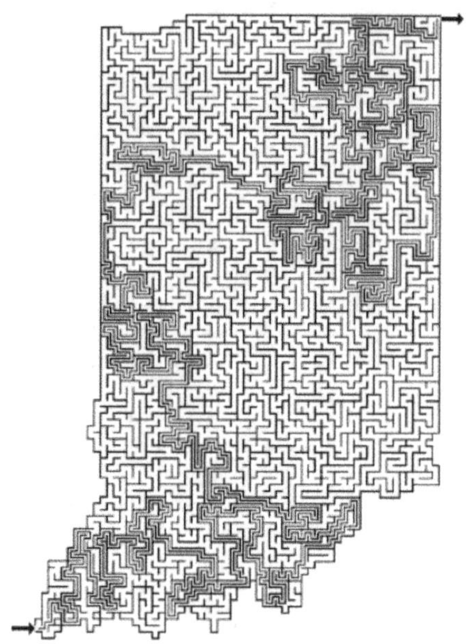

KS

```
R H S W Q X T W J U R C F I U Y A H S A
N S S Y Y T R X S U H E G L O Z I F W B
B G W S J A Y H A W K S L F M J F U C G
H F L I N T H I L L S S U Y F T R W R K
Q W Y Q C N P L T M M N U S J W N E O A
O U I U Q A B L Y G F A P D W I A U L V
Q W J Z T O P E K A G A H C D L S U A W
L E W K A Q S K E N E I U N O D G F W M
M K H C Q R H C K C T R H L D C Z O R N S
S J E K E N D U U F E C Y S G A J C E S
G P A Y S C J O U S Q R X D E T T O N Q
K F T P Z T I W F I D A M V C S Y S C G
B D E U M X B C I O W F U E I F O M E X
W M B Q C L V S K C Z T O A T T S O M P
R S R U X M H V N J H R H O Y W W S L T
I E I S E N H O W E R I N K K Y F P D J
G R E Y H O U N D U D D T N Q S E H J J
Y G S U N F L O W E R S V A F B J E P T
Q D P M P J V C T F B Z J L U M O R H C
H L L R K S M L I T T L E A P P L E Q U
```

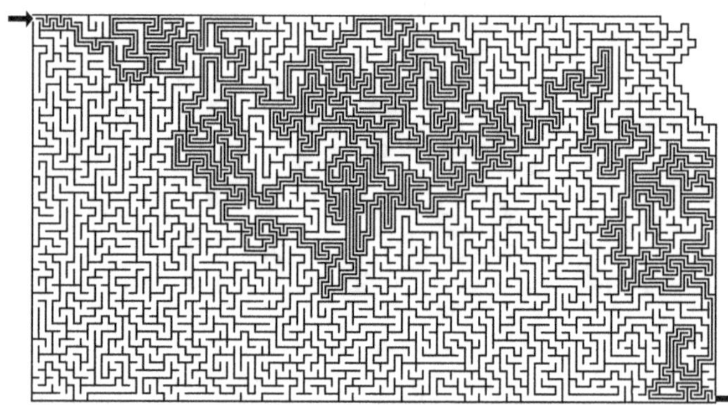

KY

```
J E F F E R S O N D A V I S W I P R U C
O B O Y O Q W Z B F G M N D C G K O J F
S C O P G N V X J D L A G M H A A Y G E
D L O W N U B C L Y C M M E U B I A H L
O K U L L W Y Q L E D M H C R R N L N I
C T X G O I O S E S F O Y T C A H K S Z
J U W W G N N R W D G T H A H H F F X A
L L M K B E E G T M O H E Z I A I O C B
N E A B B G R L G F G C F Z L M O R P E
S Y X M E L O M S R Q A J S L L X T L T
Q S C I O R U E U A E V M P D I X K O H
Y E C Y N N L E E S N E M N O N L N U T
S U Q S I G G A G K E D N H W C S O I O
Z X B R V S T K N R X U E H N O P X S W
K X N J B Q H O P D A U M R S L U C V N
G M X X E G D P N N F S V O S N L X I G
H Q R E X H P U U Y W A S L G L F A L O
M N L J S S M H G I W R L F C Y V U L D
T B M U H A M M A D A L I L T N W R E K
D A N I E L B O O N E H Y W S N Y L Z L
```

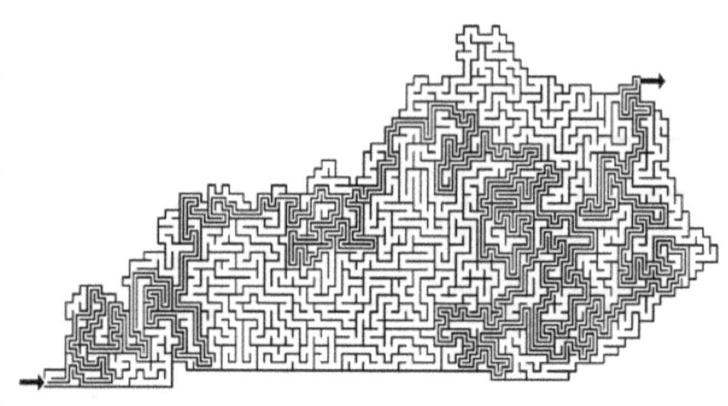

```
F Q E S S E S Y S J K U K H Z B F R V G
U I R T V D S H R E V E P O R T P I A I
Z Q I I N H B O U R B O N S T R E E T M
Y P F Z C R Y Y J I I E S Q D T W U P D
D E P X W H L A M U A V K J J R V O R M
E L M N Q W A W Y A O P D I B A Y O U L
C I A Y X P N R V N E W O R L E A N S L
O C R Z W Y T X D T E G C W B R N O F D
K A D B C K Q S O S S A I N T S Y E N W
T N I B S F A C O D I L A F A Y E T T E
S G L W X S Y R T U M Q H I V L S W O
D M R H S L L F I E E G M A J H P M A A
J Y A T R O U G A R O U H O S N X A V T
M O S P A S C H K O T L Q W N X X X H E
L A K E C H A R L E S M E T F S N C D G
K W T I W O B I D R J V U R G I K W F I
U C P Y P J D C B A T O N R O U G E M H
J W D C F A R H J V Z S Q T K W C U T H
C N K S M A B P D N X M K B P Q B H X K
C W D T L O U I S A R M S T R O N G Q N
```

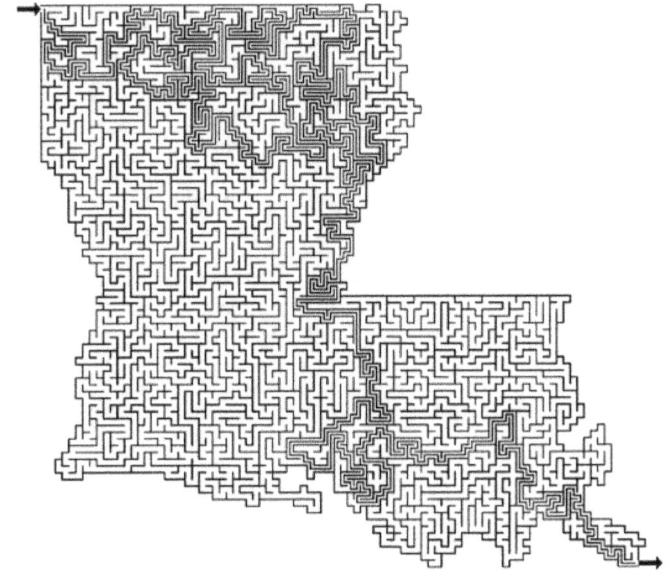


```
T H Y J O H N A D A M S Q W O U V P Q Y
B M Z K T N J R V G A X V T X O T Z Y Z
P L Y M O U T H R O C K S F Y J C M D Y
B U W D G W N S U S A N B A N T H O N Y
H Z J X R F E R C A L A O E Z M D R S B
A A U O M E N T Q Y P T E L H E V F V B
R K N E A K Y A E Y C D L G U E H V Z W
V M I T R B Z S N M X I G C U P O H Q T
A C R D T O Q W N I O B M Q E A B Y W Z
R D E V H S C C A U U U N S D T O T V X
D H C C A T A N B F F C F V C R S T J D
G A H E S O P F X H I C K C K I T D X F
Q P I L V N E K K G S M T E U O O R Z Z
N B T T I R C W E Z X M E V T T N U M X
W X A I N E O T C R J L C T R S U G L O
Y L O C E D D S P R I N G F I E L D L N
H I R S Y S G F E L A Y T E A P A R T Y
Y Y V V A O S A L E M Z O Y R X J T R B
N Y N C R X W Y Q H L X P D E V I P W G
N U B J D U Q H L O R E G T S E G U A F
```

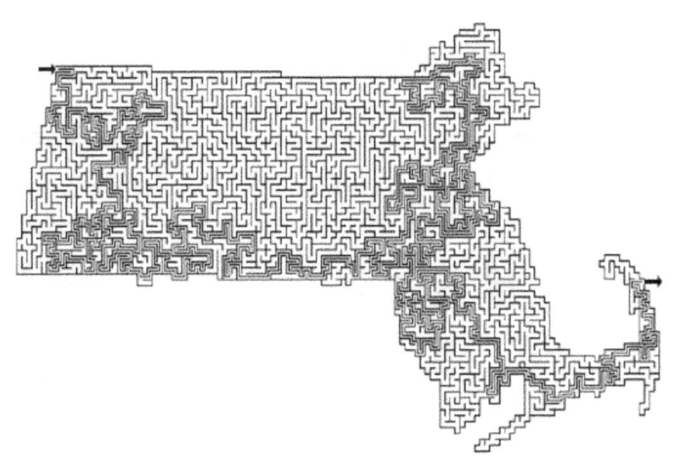


```
H L N J O H N S H O P K I N S B H T K H
L J M O U N T V E R N O N I D U V R M Y
P V C L S I L M J V L D Z A R H M E J U
Y T C J D K N I Y G B E K E T G H E Z O
P C P I L B M C O B K A C D S O I B J R
G H V L Q Y V H L D A W B C H H G B N I
N E F N C V V A D N W L H E Y Y L Q N O
T S S W Z N I E L Q L E T T R I G B P L
G A M C D A I L I Q D E L I Q U B T P E
A P A E G N Y P Y K X L S M O T X W S
I E H F C J U H E P M Y Q V O O T H Z A
T A J A U Z B E Y F O W D Z U O R R I M
H K O R Q R R L A M G N K W I Z P E I Z
E E Z A J U Z P K T E Y Q H X K W P T I
R B D V K A U S S I L V E R S P R I N G
S A T E R R A P I N S K M B X X Y G W O
B Y A N N A P O L I S O W O X Q N H J S
U G Z S Z E K W U E F X O G S Z T U X Q
R H A R R I E T T U B M A N S D N H R K
G V P B I W A L D O R F W L A D L A H V
```

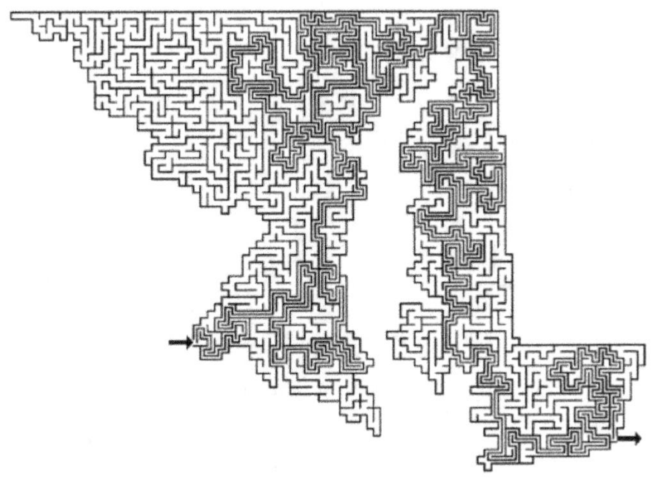

```
W Q V B H Z O C D G J V E H A D J Z T J
K K S O U T H P O R T L A N D R I R J N
G U Z R Q Q M S X M H A P O J L S Q L W
A K K P J V Z A E R J S Y B S E R P V B
I A E C O G O V G E J P Q A T R C G C L
G Z N M O Q I N Q M F A N E E E E D A A
F A W T N A F W P L L K R G D P U U C U
H D F X O E I W V U K L D H C Y C G K
P I D L C U B H I Q B I V R E L X X U B
H A M I I I U D L Z Y D G N A E B S E
V N A M E N T N O L H H B K W F T A I
E A P A J G H U K K R B Q P I S L S A R
X T L H P P V T O A P O E Y N E N W I S
U L E B J O P N H H T O T A G G U P H F
U P S L F R E S Z O V A R H N H L N F S
C A Y B H T A G U X U O H T E P Y Y F M
F R R L H L U T M P E S R D T A X R P F
C K U C L A V E M C F T E X I D D H M C
G R P O M N L O B S T E R S C N W I G V
I W A A Q D Y S F D U H O P M B S S X U
```

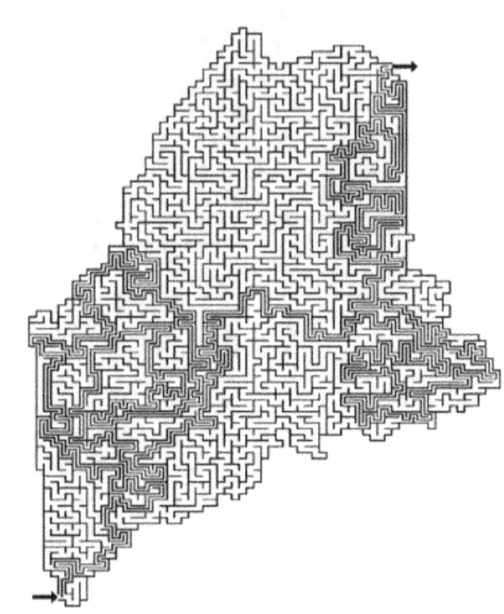


```
R G F E L A Y Y Y V V Z O Y R X J T R B
N Y N C W U P P E R P E N I N S U L A Y
Q H L X P D E V I H E N R Y F O R D P W
G N U B J U Q H L O R E G T S E G U A F
K I R I Y U M A C K I N A C I S L A N D
G M T C C Q J Q K L F L I N T Z E C H P
E Q C H A R L E S L I N D B E R G H Y U
N W S M R A Y W G B E R J V Z D I P M B
E S D O E S C F I C N F H P M E X G L R
R C E D D E D C K L F G C P B A B X R O
A L T Z W K C R M M L I U Z N R B K P A
L A R Z I V L R Y O P I V B S B G E H Y
M N O I N W A K T S T Y A S C O B L J O
O S I J G D O X F E X O E M Z R J L W Y
T I T Y S R Z R Y G P H W C B N Q O R W
O N I Q A N N A R B O R O N K O R G X Z
R G B A O Y F S W K S F G Q E Y E G Q V
S W X L E A B V W G R A N D R A P I D S
K M K U D I U F I I E O B A Z T G F N J
L E Z H A W S F W U A T E N D Z R L U G
```

```
C H A R L E S S C H U L Z Q X L L E I E
A X V T C J Q F B F V B Z R X Y A P Z S
V G W W S I Y S L F M A T D X E N R H B
G I I I D E K C O N U Q I V D P D I A O
S O V N A M L O O M K G I C U P O N H U
I C I S H I B T M A F E F N L K L C O N
W O K S G N B T I L S T P A U L A E N D
X J I J N N K F N L C B K N T L K Q W A
O F N D W E I I G O K Y N P H D E B Z R
S X G N L A E T T F P Y B Y I O S J K Y
P T S Y B P J Z O A U Q P Y M X J K L W
Y O N X H O K G N M L S T O A R P Z Z A
E I K U C L I E V E M D M A B B Y Z K T
J L J Y Y I H R G R J S Z Y R T Q O T E
Q S B A M S D A J I I P M U R G O T R R
Z D Z D I B C P L I C L I H K B Y E Y U
O Q W P C A Z D K A Q M F H A Y Z T A B
D I D T I M B E R W O L V E S F Y L R G
S B H Q Z C F Q Y Y V T Y U E P G J X H H
W H J Z Q M F M A Y O C L I N I C O Y W
```

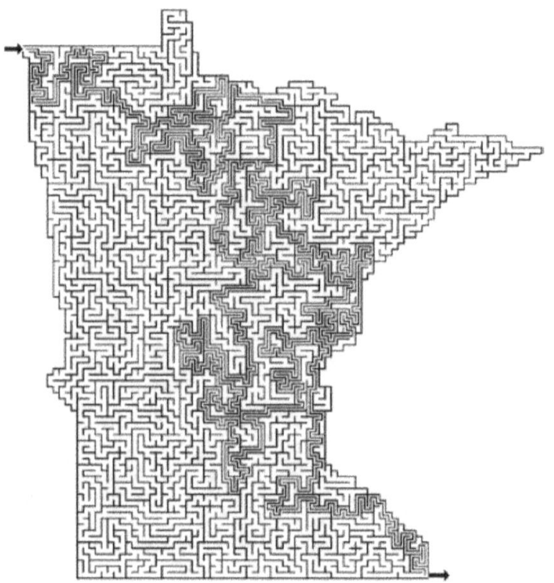

MO

```
A L X A Y E N H P O W D I E L U R P D T
X H H H A R R Y S T R U M A N Q O H X H
S L E H W E T T F C H I E F S R X T Z N
H T A V Q P C O L U M B I A J A B K S Q
L O L K L O V T E K B C R F E J O K C H
P E T O E F I T S Q P I G Q S J Q I M A
E U W O U O B A O S K P U C S V D Q A U
F F Y I V I F R Z D E T V U E I D R Y A
B Y N R S H S T A N W B C W J Q V O A T
G F Q J B A T K H N Z H Z X A D Z Y A E
A H T W C C N Z A E S D B N M V I A N W
B R K D N A Z D U N O O G P E D H L G A
J D P J B S J C C Z S Z N C S Y C S E Y
E Y F F L B O M S L Y A A Q G Z Q A L A
F F E N O H C X I U A G S R L U J J O R
W N H C T T D H G W G R X C K C F N U C
C L C A R D I N A L S S K H I S Y H O H
A F X V M I M A R K T W A I N T P V S L
I A N C T R J A N Q X P V L S G Y E Z F
L O F R L P O N Y E X P R E S S B D U Q
```

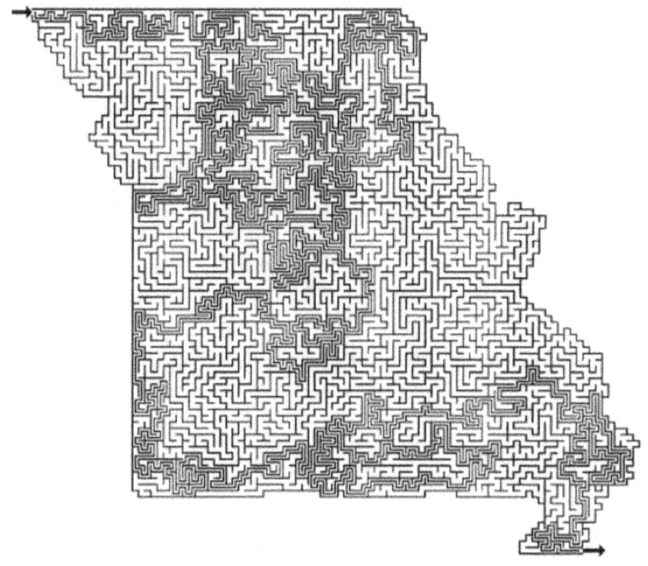

MS

```
J V Q B P C V N I R O J N U L Q Q L X M
F I I Q K U E Z N I Y U W U L X S J O T
W X M L L H Z F S P V E N I K V A Z U Q
E U E H M S Z I M M K G W Z Z T N X H L
E E R K E K X Z G A D B N E O L D J A O
G G A E S N A E F G E T D L N G E O T R
U C U O D U S V L N L F A V P P R K T E
N B P L Q B O O C O T F A I L U S H I B
L M I H F Q L R N L A B T S F H O I E E
Z K J L W C V U T I B F H P Z G N X S L
O Q A K O D O I F A L H Z R F M F A B S
C R C G H X D A C F U T P E T L A Q U N
A Q K Y V Q I I S K E R K S O Z R J R V
T W S Y L G B T F T S H G L F Z M N G N
F D O G C W R T K I R B F E Z A S X K P
I W N U K S S W Y U P E U Y C V K B I X
S E P Z B G T M P K R P L R O A A L U K
H O P R A H W I N F R E Y D G N G C I V
G K R R M Z O R P O T W H F L S W B D L
B D B B K I N G W W O A J V C R Q J C I
```

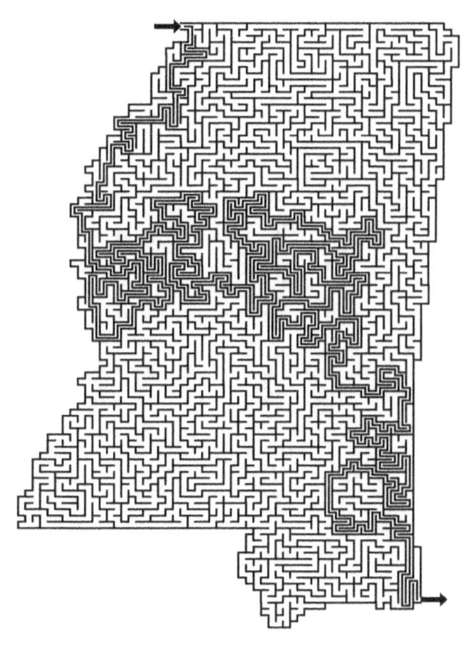

MT

```
B A Q P M D A V I D L Y N C H E Q T F M
F E L T T G N Z V V H E L E N A V L Y W
L Q R U J E A N N E T T E R A N K I N D
W D E K M M L M D A Z H R S M D Y T X W
B S E K E R Z F N X B Z N W C K Z T G W
L I R J O L R J W J B I M A F I S L J T
K J L Y Y M E G G R I Z Z L I E S E A X
U W Z L E W I Y G B I B I S O N Y B K E
W Q T S I Z V S P B L V H U O R N I Z V
A M X H N N V B S I J V G G B H O G A E
S L Q L E P G H F O T B D M V S E H J L
R F V P M I K S O S U G U Y H C M O H K
U X Y G G R E A T F A L L S B N N R H N
O R U K J Y T A D O Q Q A X B E Q N H I
Z G L A C I E R N A T L P A R K P P B E
C W V Z V B B I P J X G D H P C A Q G V
P H W N I B B I G S K Y C O U N T R Y E
E P A T K A L I S P E L L E B V B W V L
W Y W F N G C T J K J M L Z S A G P O P
Q S E Y O G O S A P P H I R E S Q L J S
```

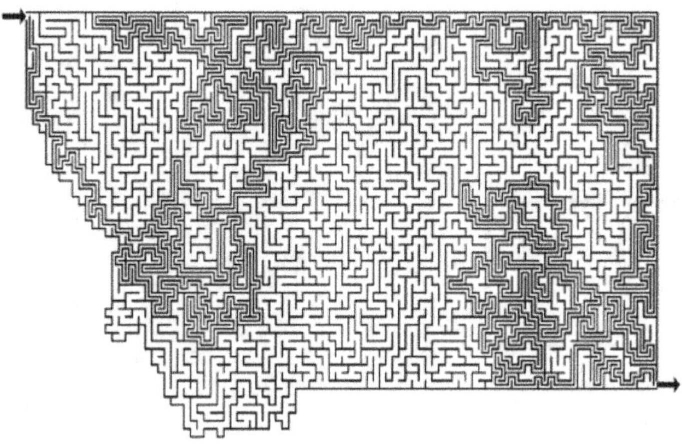

NC

```
U G V O E P F U G I V G D C B A Z G T R
O R X G R E E N S B O R O Z F N Q R R P
U E H C A A D O L L E Y M A D I S O N P
C E R U V S I W O Y F J E J M F J M M C
D N A A A A C E G O T X G I S N L H Q C
C V I Z G N W R I G H T B R O T H E R S
Q I H T A D F Z M G O M S Y Y F B B F B
E L M A R R P X J W H F C J R K Z U M I
U L C R D E Q Z C D N O V M M A N O G O
S E S H N W E P C P A N T H E R S A V E
K M O E E J K G A T B D J A F M O U I A
H J N E R A V Q C N J H D L I Y Q T L F
D S D L F C W G R E A T S M O K Y M T S
T J U S G K C A P E H A T T E R A S T P
T I R J C S I Q L W L C Z Z L G C X P B
N I H M S O M F Y I Y H P S W J A G L J
W X A F I N Z F I K L K H B M V K Y N W
D M M F C U C H A R L O T T E U U R D V
X P E U W I N S T O N S A L E M M K D L
P L W B W B I L T M O R E E S T A T E E
```

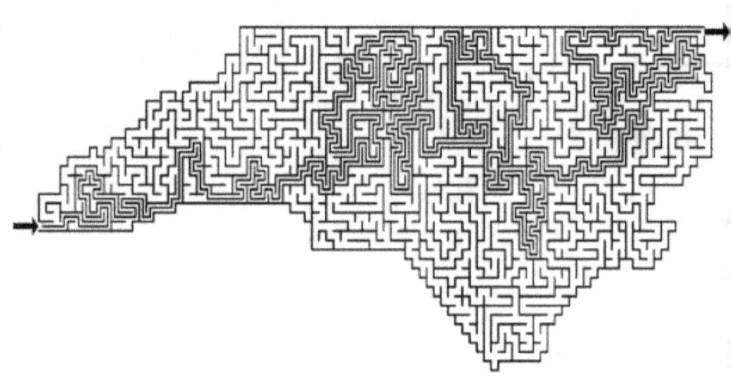

ND

```
L R M G U Z P J B O Q H A N F A R G O W
D W E V C Y L A W R E N C E W E L K O I
E P N D X I A B K I U R U H D Y P H O Y
N I C P R P D D J M H Z H K I Y W S G O
C L K Q W I K R H A S M Y N C T X C R A
H O M B J O V R Y S M U L Z K U T K A S
A U P L D G Z E T D J E L K I C X J N P
N I R A H S S T R U B H S L N A A F D B
T S L K W A A E K V S U N T S Z T G F I
E L C E C A R N B F A P P W O V H D O S
D A N S Z W H H A A E L T E N W B E R M
H M Z A N E Z P S P D S L M G C N R K A
W O F K J U I B E H N L R E E G J Y S R
Y U H A W X E E Y T J X A A Y N Y W N C
S R W K F I O R K G O X U N A G V L I K
U M M A D L M I N O T N U A D I Y F E H
H C I W V Z V O W B W K T G R S Q B R E
X W A E R J F I G H T I N G H A W K S M
V U G A V D F A L M D T H D P W Z Q S K
J Z B A A T X X T P G F K B M G F R H Q
```

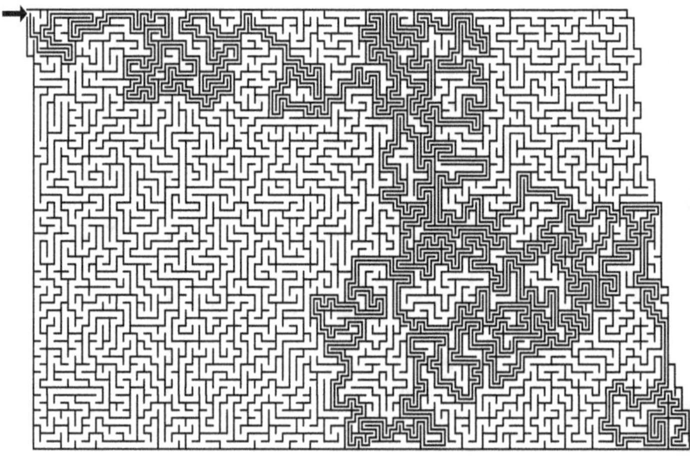

NE

```
D A Z H R S M D Y X W S E K R Z C F N X
B G R A N D I S L A N D Z G N W H C K Z
G W L R J O R J W J B I M E A F I I S J
T K N J Y W Y G A X U W Z R E W M G B I
Y K W O Q T A S Z M V B L A V H N U O R
N Z A M R X H R N V A B J L V G E G B H
H O A S F F N L R Q L L E D P H Y F B D
M E V S E R O O J E R F C F V P R M I K
O S N G U Y E L R O N H C O M H O U X Y
G B N R C N H D K T M B O R M R C C U K
J Y T A Y O C D A O H A U D Q X A A Q X
B E H Q H D R O Z S P T J P F P B C R W
Z V A B B I O N R P T J L A F X G H D H
P C S A Q G P O H N H A W A N E I E B E
P A T T E B T B V B R U P W I V T W N Y W
F N I G C T J K J L S A M R L T Z G S A
G P N O P Q S E Q L Y K L J E S E E H L
P C G I L I N C O L N E A N Z N B F Q
V P S A E B M E T N L J O R C B A Z U F
Q G P J N B Y P J M O X N O S E U N J J
```

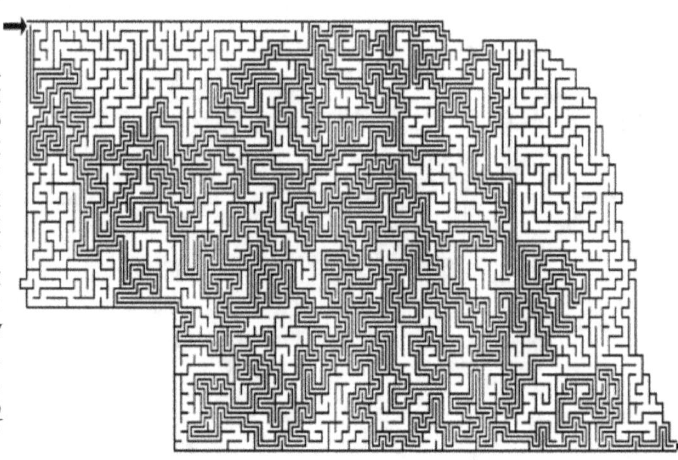

NH

```
K B I P W H I T E M T S G P Q K R N L I
P Z V U C T O B I W I O B R E B P J R L J
A K A P R Q F C A I T G O R I O M D Q T
G S S O O B D P S L H R R I R J V I C W
J C L A R E M O N T A A X T Z D E W H A
I X K Z G Y L J P R C S H F R I L J U S
H B Q Y J I H S K R Q I S E R T C B D H
Z Q L Y W K K G A B I T H H H A R Q S J
Q H S H F B Q N T A F E J F E W O D O N
M G W U S V Q C F X C H G K P P G B N G
A F N T N R O C H E S T E R T A D G T
N P E W I N N I P E S A U K E E M R Z O
D J I C Q F W I A T I M B E R L A N D N
Y N L G L O N R Z C Y A I M U W F P Z M
M E R R I M A C K F E Y E O H H E M E N
O N C O N C O R D S Y T D N G V M J U N
O S G H O L X O Y C S W H G D O L Q T Y
R D L X W P L D L X M D A R T M O U T H
E F K F M S T X P H W S A S A G W P S M
I Q P H I N E A S G A G E P U O M K Z P
```

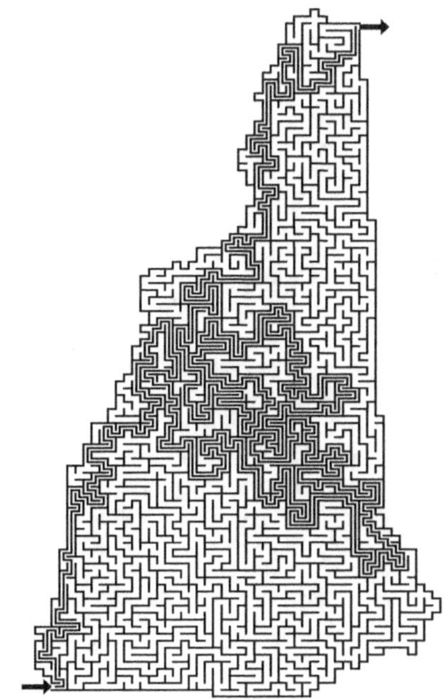

NJ

```
I J C A M P B E L L S O U P L M V U G J
F O V M A O R T E B W G I A N T S F B P
X H D B T O Y S R U S M E N L O P A R K
W N T Y L B T G Q V P Y H C T B J D H F
P T W W A I A S X F G Y V D B W Z V U B
P R B R N L Q Q A S P T K T U C N B H D
X A E M T Y C R E Q A R M H R C J H Y D
J V N E I B Y V R R U P I C L E S P N A
T O K E C F J G W N H E J N V J N S D I
W L M V C B N U W F L M L H C W E T X J
E T Q U I I V D O S R W C L N E G U O Q
O A R D T J S Q E P V P B D E M T F A N
W K Q Q Y S M U H E M E G Z K O B O Q Y
S U I L L P A R S I P P A N Y M N A N H
B B R U C E S P R I N G S T E I N E C K
N I K J S B A L N V H O B O K E N T I R
H X Y H H Z N E W A R K Y F S S N D D L
Z E L B J O N B O N J O V I H V P P F Y
I G Z U U V N M C L K K S K J Y C C M G
G M L C A M D E N R N S M C H S B Q Z B
```

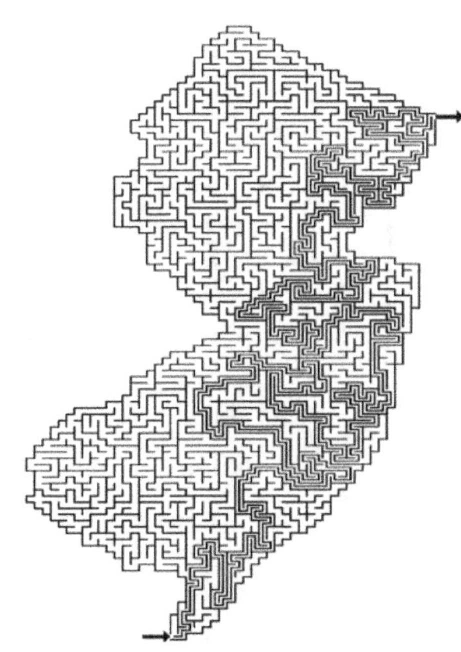

NM

```
S Z I V K K P V G F F T Z V A F L V D M
A P H K W F A R M I N G T O N G R X G K
L R D L H A Y V K I S O T O P E S N R R
T W K L I T S K Y D G B Q H R X R X P P
D Z B O T V J O H N D E N V E R C M W A
S I G B E O Z A Y H W I B P T A T Z B J
A G T O S H Y Q L W O U V P Q Y B M Z K
N T N S A J R J V B G A X V T X O T Z Y
D Z S F N Y J C M U D Y B U W D W N U
I Z J X D R F E R F C Q S A L A O E Z M
A R D R S A S B A U F O U A Z E T Q Y P
M O L T E L L H E V F B W E N U B K N E
T S A K Y A E Y C D L G E U R T N E H V
S W S Z W M Z W Z S M X I G Z C Q A I U O
H E C Q T O C U R D Q W N O O B U M Q Z
E L R Y W G Z E D E V C A U U S N E E S
D L U T V O X B H C N B F F F V C T J D
G A C H F R X L H C A R L S B A D I C C
K D E X F D Q O P I K K G S M T U R Z Z
N B S T W O E Z X M E V U M X W X A T C
```

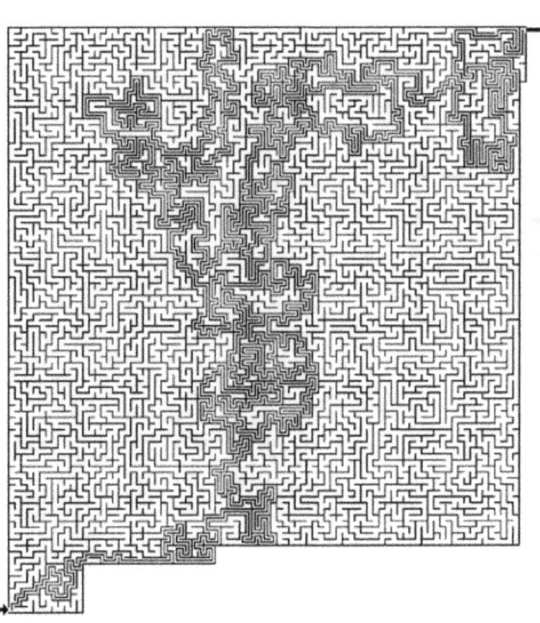

RI

```
E Z N H I R U M O N K A F I Q M H W V H
A F O X W F S J Z H Q J C E S J E A B P
S Y N S R Q H P L O V E C R A F T M X R
T B Q B S R F H E N D A V J O R P H B O
P R R P P A L I T T L E R H O D Y S V
R Y S O W A Q G B B R D A F T N C K F I
O H S T W K W U A V N E W P O R T K Q D
V F Z O H N V T H N C O V E N T R Y J E
I K W Y B J U O U Y S Z Q Z R T A W M N
D N Z S W T G N P C D E B L N R Q N Z C
E L U I W Q J F I F K H T F V H W P H E
N T B V S Y O Z N V R E B T Y F T P T S
C B N B X E L C J S E H T F B A E U I Y
E W D R W H I T E H O R S E T A V E R N
V S R I K S H Q M X J F S Y W G Y W B R
Z L K G Q R U T H B U Z Z I K L L S J I
W B D O S M Z K U P X R Y C T Q V I M W
W O O N S O C K E T A L H K S Y Y V E K
O C U M B E R L A N D O S K P W Z H I Y
S O L I V E R H A Z A R D P E R R Y C O
```

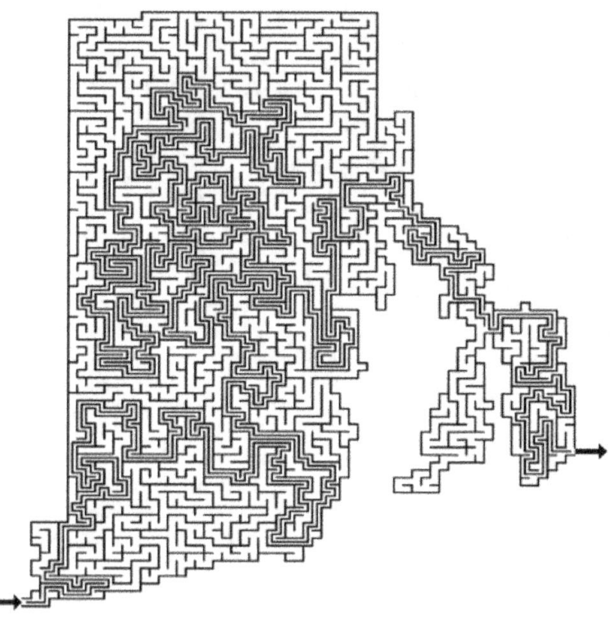

SC

```
H J W D C F G A M E C O C K S A R H J V
Z U S S Y O R K T O W N S Q T K W C U T
F H C C M Y R T L E B E A C H C V N K S
M R A I B P D N X M K B P Q G I A B H X
K C O W T D T Q N Q T H C J O V N A K X
F D L G D A J L E Z O S H X O I N B C Y
O I Q S M Z D Y Q K A N A N S L A U E A
R Z K X I O U E X T R J R X E W W B V B
T Z B K U Z R L X X C L Q C A H X A G
S Y H B U V W E Y W G V E E R R I A T Y
U G S C V U Y X W I S S V E U T P T W
M I F Q X L Y Z F T T V T D E P E C Z U
T L D S T W V P R T E M O N K C E J W U
E L C O L U M B I A C W N T Z S R L R Q
R E Q K M U Z P U U S M N O H C G B P T
D S G R E E N V I L L E U D A O F T N Y
L P Y P B P A O K A D E U W Q H K Y K R
A I Z H I L T O N H E A D I S L A N D L
E E U O E I U Y W J A M E S B R O W N T
J U I L K J A U J D Y D Z P L K O W B O
```

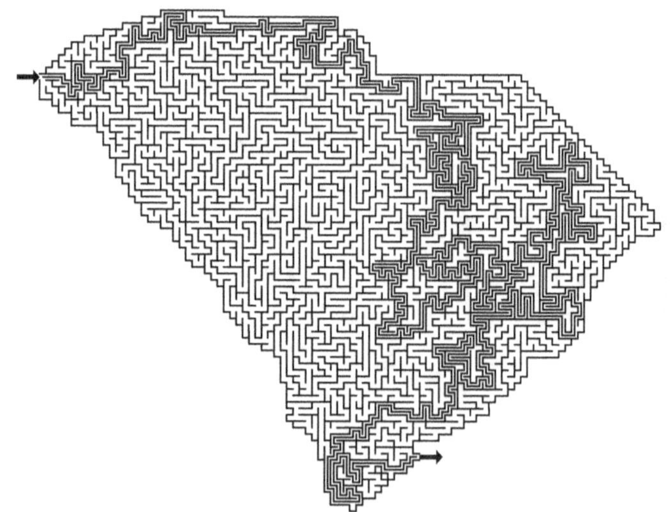

SD

```
Z B G T M V P K R P L O A A L C U K D N
J G C I V G E C O Y O T E S K R R R M Z
O A R P O T W R H F L S W B D A L B D W
W O N A J V C R M Q J C I A O Z I P P F
X D Y U T L D F D I A G G M I Y K I J E
Z J N U A M F L V H L T W V B H L E B Z
P A S A E R X D E E K L R M V O A R Q U
J D P W I Z Y A R P T O I L V R Z R M U
P M M P R I S J Q K M T V O O S D E M A
Z N B Q A T I U O S X T U J N E T D J L
T D I L Z P K T E Y N I B R O O K I N G S
Z R A T I A T O E G E O M U D V R W Q F
A D E C G D I A Q X U S U I S O R D H U
N S K O C A N A Q R S P Q K X T H J E O P
I J J H I G I S G F A M G D S G F C M U P A
I H J E T A B Q C R I Q I A J A H O Y R
U H W Y W I U X E S D J S Q Q W L E J
W Q I Z X Z L A B E R D E E N G B L L E
P J S T Y A L C Y J A P D I L M F Q S L
E J A J A C K R A B B I T S X Z Q T J M
```

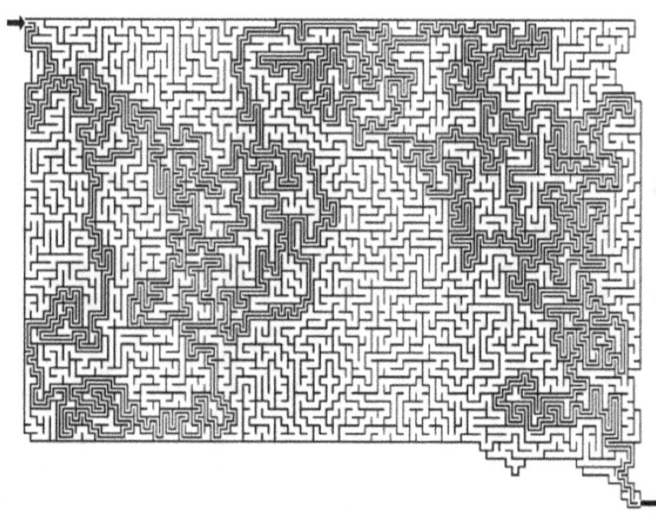

TN

```
L N H I G R G F E L A Y Y Y V V A Z O Y
R X J T R R B N Y N C W Y Q H L R X P D
E V I P W G A N U B J U Q H L O E R E G
T S E G U A F N D O L L Y P A R T O N J
G K K I R I Y U D M T C C Q J Q H K L A
R Z N E C H P Q Y Q U W S M A Y A G B C
A E D O R J V Z I P L M B S O S C F K
C C A A X N M U R F R E E S B O R O F D
E H P N V U B M C X G L O R C D A E T A
L V D C D Y I E K H F G C P P B N B I N
A X O R O R C L A Z A K C R R M K I T I
N U Z L N B E R L L P T A Z V Y L A E
D R Y P U V B W O E E S T G H Y I N L
W A K T S N Y S J C C S B A J O N J S
D O X F E X T E Z O K J T W N Y Y R Z R
Y G P H C Q R E W I H E Q O K O R X Z B
A O Y F S W K S E F G N T Q E Y Q V W
N A S H V I L L E R X L S T E A B G V W
K M K M E M P H I S S U D O I U F I A I
E O B A Z T G F J L E Z H A N W S F W U
```

TX

```
T Q B H O U S T O N Q D Y W H I C H R C
V G M V W I C U P U Y E V X D Q E L L O
C Y J E S A U O V M Y Q D H T L L Y O W
S L A K O U E E R O I C I J A L P Z M B
D X M C K B U L W P C J N U Q A G F O
A P I V F J R X B F U M H V J Q S J M Y
L Z E T O O N I L S Z A I A V K O K P S
L V F G R H F F O T Z V C A E F L V D M
A A O P T N H K G R X G H K L L R D L
S A X Y W S A V K N R R R T R W D K T S
K Y X A O O L D G B Q A H R X I R E X P
P D Z U R N A B V C M W N A I G S O L Z
Y H W S T S M I B P T A T D Z B J T G L
T H Y T H P O Q W O U V P Q E Y B M I Z
K T N I J A R V G A X V T X O T Z Y Z S
F Y J N C C M D Y L O N G H O R N S B U
W D G W N E Z J X R F E B E Y O N C E R
C A L A O C E Z M D R S B A U O E T Q Y
P T E L H T E V F V B K N E K Y E Y C D
L G U E H R V S A N A N T O N I O Z W Z
```

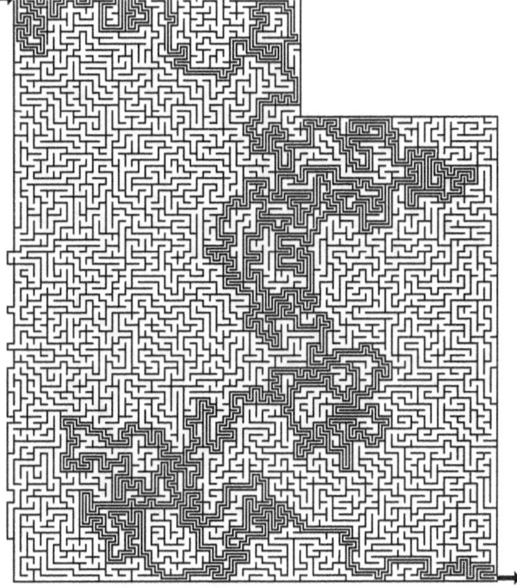

UT

```
K C O G D E N J S U T E S K A W S L I J
U P S D B Y U C O U G A R S R P C S L B
S A T K Y S M L C Z Y D I T C I G R B Q
O A U C W D X M W A B Z S E H M B S G L
R Z L X D B X B F F K L X V E L C O L G
E I J T C U M O A B G C V E S F U S I G
J N P R L L E H I F O P I N N Q M M J V
A S U H P A G J B M O J W C A T Q O E D
C S A I S L E K N I P B P Y O T E H N G M
K W O D T A J E Y Y B R T V L M F D R Z
D P S M G K W D C C I O T E P P G S L M
E G U Z E E P A J I B V O Y A L Q H A N
M W D W O P V C S Y T O O I R E P N X I
P A B K R O I U R A U Y H Y K S P H O Y
S I C P G W P D D M T H Z H K Q Y W S O
E K Q W E E K R H S M C Y N T U X C A M
Y B J O R L Y S U L Z U H T K A S P D G
Z T D J L L K C X J P R H M S R S T U B
H L A A F L A A E K S U N Z T E T G C C
R N F P W V H D N Z W H A E T S B E Z N
```

NV

```
L B R K N U R W K H H G Y J F R A B B S
D A K H X W Q F T O R Q V K B X N C U L
K W S D G G K O N J X T A Z M D D J U U
A G K V G Z Z X Q T U H S S K E R D N Q
H K W N E R Y B A H K W U C A V E H I E
F D B O F G L M L E Y L L A I C A G N Q
U Y A A L Z A B H S L E G L R V X G K M
Y G R W Z C S Y T E D H S Z I A S M M
U E X D N G P E T R B B C O U A S E A C
G Q S X E W A A T I U C H N L C S J U Y
G Q P K O J E W C S J M C N T I M U Y
A F A V B A W L F K C C G I C W Z L H W
R T R K E F M N L P H S M T E Z H A N L
E Q K B P C V N I S R O R Y J N U K L Q
A Q S L X R M F I Q K U E E Z N I E Y U
S W U L X J E O T W X L S L H Z F T S P
I V E N I K V N Z U Q E O U E M S A Z I
M K V A L L E Y O F F I R E G W Z H Z T
X L E E K K X Z G B N O T L J O G O A S
A E M I R A G E F T D N S G O U C E O U
```

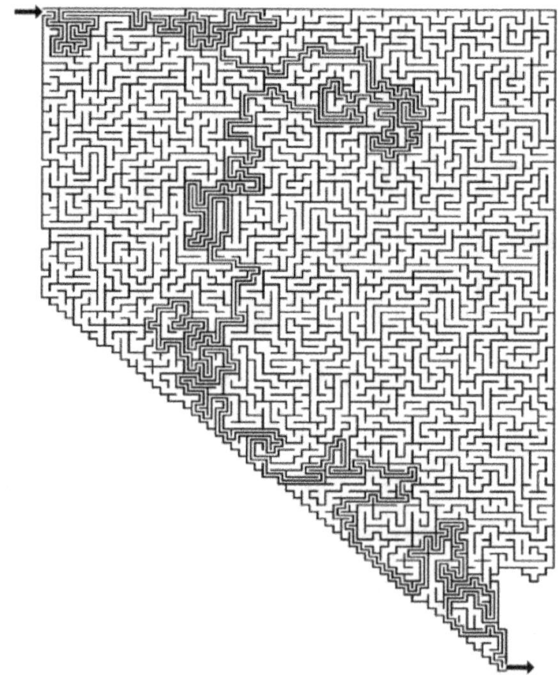

NY

```
D X H Z T B N O R M A N R O C K W E L L
J Z I C J S Z N I A G A R A F A L L S A
F L A K E P L A C I D Y T H Q N X S B Z
G Y A N K E E S G L W V E V F D Z D K Y
W L I V U K F N J G S D N I V L B X K
I E W E Z R K C R N M P D J Y Y F T I L
G S R Z A F H V R J T B Y R X X W W E P
B G Z G U L W E M E T S R K U J D D M U
R J V M I W S Q S J A L O L S I J O P F
O Z V E G P Q D T A X D O E S B Y O I X
A D O N A L D T R U M P S K Y W T D R N
D L M O W Y G F I V K H E Q R P N G E C
W Q A G B D L P A B Z M V M A W G P S N
A R C Y N A E T I L Z E E P C P T D T W
Y Z U W G I Z R Y A B R L L U N N R A C
X J R O C H E S T E R A T E S W X F T A
Q N Z U D B U F F A L O N P E N H L E N
B H T K H L J I D U V R M Y Y P V C L S
I L J M O U N T V E R N O N V L D Z A R
H M E J U C E N T R A L P E R K Y T C J
```

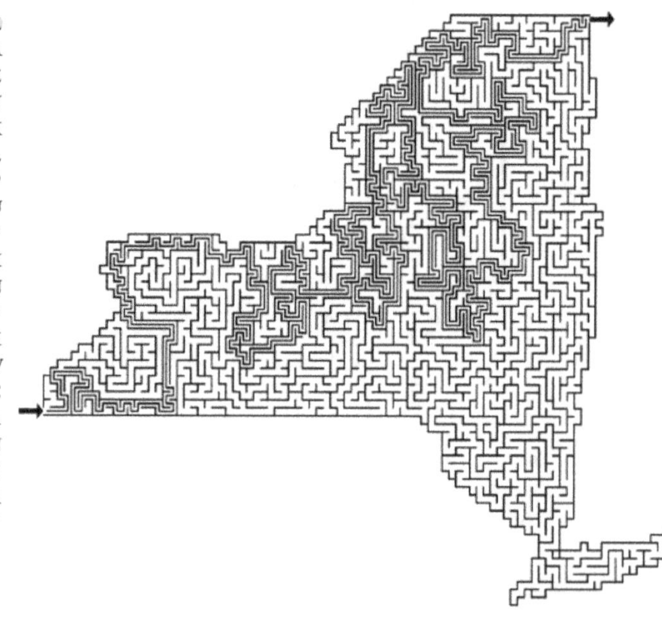

OH

```
E T G H E Z P P I L B M K C D S O I B J
N G V L Q Y A V T H O M A S E D I S O N
D E W C H H G N B N N F N C V V N W H Y
Y L I Q A N T S N B R O W N S D W Z C N
I Q L L E K T I G I B P M C D A A I I Q
D E L Q A B R T P A E E G N Y Y K N X
L S O X W R H O F C J O U P M T Y Q C V
Y O T Z A J M A N U Z B A Y F O O W I D
O Z B U O R I S M O Q R R K A N M G N N
U K E W I Z P I T Z Z J U Z L K T E N Y
N Q N P R O C T E R G A M B L E H X A K
G W G P T I D K A U O K M B X X Y T G
S W A O O W O X Q N H N J S G Z Z E I K
T W L U E F X O G S Z T G U X Q S D N H
O R S K B U C K E Y E S V P B I W L A D
W L A H V X R O C K A N D R O L L C A D
N A P J S C L E V E L A N D O C N L T F
P H C O L U M B U S M H R I W S Q T D R
W P S E L Q G L T G A D Z P F M B Z S Q
G F X X N C U Y A H O G A R I V E R U Q
```

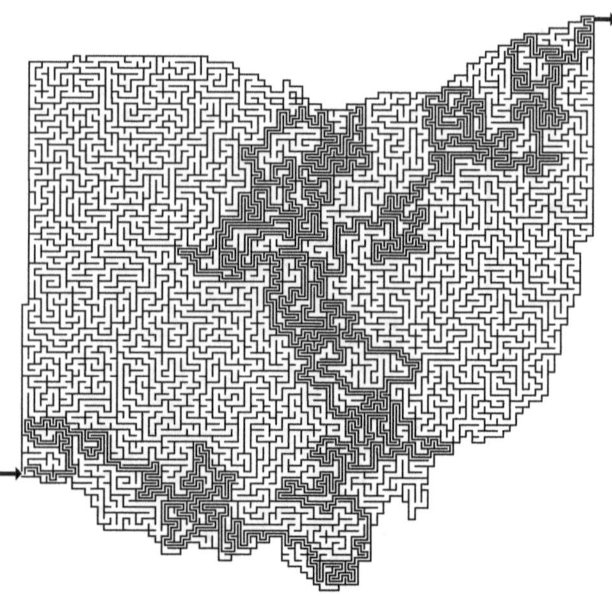

OK

```
F J F Q G B R A D P I T T N Z K Y Z X M
E N Z R A S A F T C R U I R O E Z U J Y
W I S I C T R N O T Y M D X L R A J Q O
J H O O J I N R R B A H A S L A M N V Y
C K O O E L G M N W R U G V G J S A S K
H C N K I L Y L A Q M O V D E W K E N O
U P E L W W F C D S D M K W K Z S E F I
C N R A L A O G O E Z J M E X V C K Q L
K G S H O T N R A R T C N Y N E F C R W
N C N O Q E V E L G S W I E L A P I K E
O Y U M H R T D L E A X S K E H R X V L
R B Z A J Z E R E D P R C V R Q M R M L
R I I C V M T I Y M K U T D J P L C O S
I N E I M R L V J O N M J H W M N L P W
S J D T F V Q E O N E L A X B W V B F L
N I Y Y R U Q R D D E D Q N Z R D A L T
L A K E T H U N D E R B I R D J O P Y F
F N J R N H O J I T U W C T O X J O R B
M I P A N H A N D L E O M M P X F Z K N
E T U L S A F S R O K F W Y O F S J B S
```

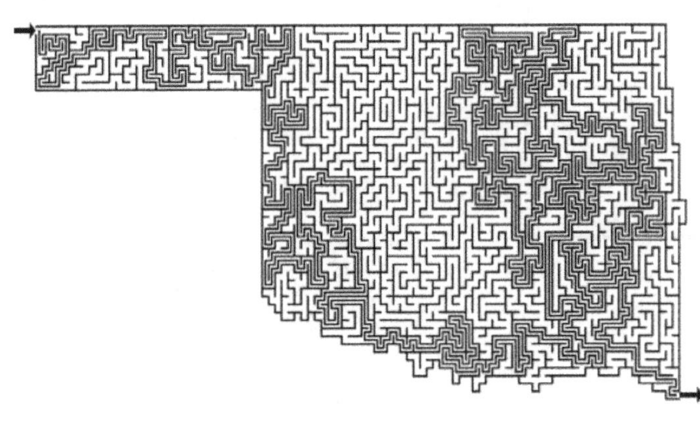

OR

```
N J P Q H X C Q U T V W Q N D J G O F A
U L P Q P H O Q G N F U I O H S D Y Z A
O C U U O K L M Q K W Y U U E I A E D L
T R T S R K U A A G I S Q U O E C G I A
G A J P T A M T D Z L A D Q O X K I B T
E T I F L W B T T T L L U Z Q M J Q S Z
U E L H A E I G N R I E C N M O T W D U
G R L Z N D A R K N A M K A V V C O E H
E L I L D X R O H B M I S K R S C Q E J
N A N V S X I E I G E R L E K L D N V R
E K U O R N V N Q F T R Y B Q P F S Z W
L E S B N P E I L I T H J R L O A V Y L
Z M P H Q A R N Z D E C O R V A L L I S
Q E A V O V K G U O J Q Z L E O Z W N W
G E U K G B E A V E R T O N Z J S E Z V
A P L V Z T M D O A N I K E Z Y V N R I
L N I T Q B Q D Y W H I C H R V G M V S
W I N U P U Y E V M T H O O D X D Q L L
C Y G E S A U V Y Q D H T L Y O S L K O
U E E C O L U M B I A B R A N D O C I J
```

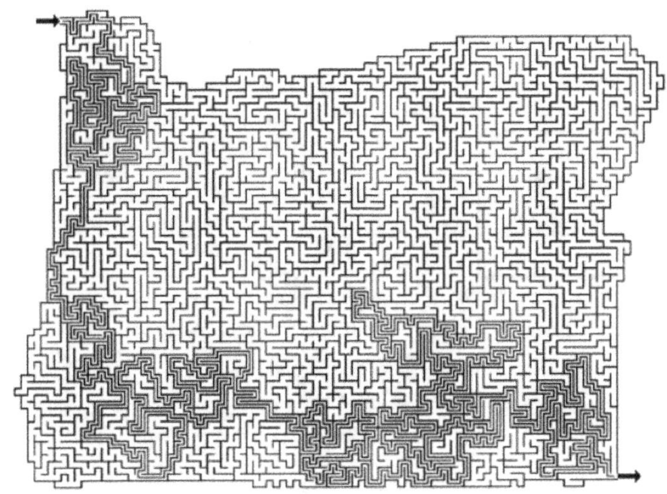

PA

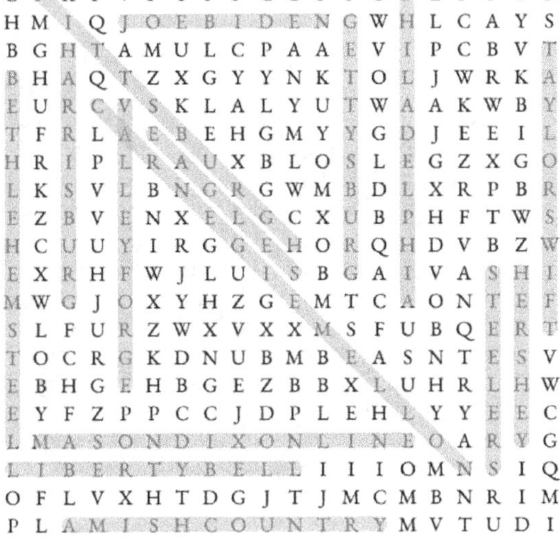

```
O P K P V P Y F P C G F F O P E P P Y B
H M I Q J O E B I D E N G W H L C A Y S
B G H T A M U L C P A A E V I P C B V T
B H A Q T Z X G Y Y N K T O L J W R K A
E U R C V S K L A L Y U T W A A K W B Y
T F R L A E B E H G M Y Y G D J E E I L
H R I P L R A U X B L O S L E G Z X G O
L K S V L B N G R G W M B D L X R P B R
E Z B V E N X E L G C X U B P H F T W S
H C U U Y I R G G E H O R Q H D V B Z W
E X R H F W J L U I S B G A I V A S H I
M W G J O X Y H Z G E M T C A O N T E F
S L F U R Z W X V X X M S F U B Q E R T
T O C R G K D N U B M B E A S N T E S V
E B H G E H B G E Z B B B X L U H R L H W
E Y F Z P P C C J D P L E H L Y Y E E C
L M A S O N D I X O N L I N E O A R Y G
L I B E R T Y B E L L I I I O M N S I Q
O F L V X H T D G J T J M C M B N R I M
P L A M I S H C O U N T R Y M V T U D I
```

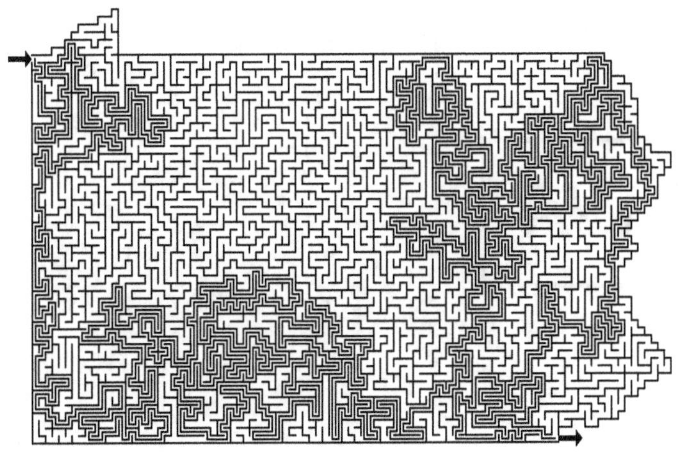

VA

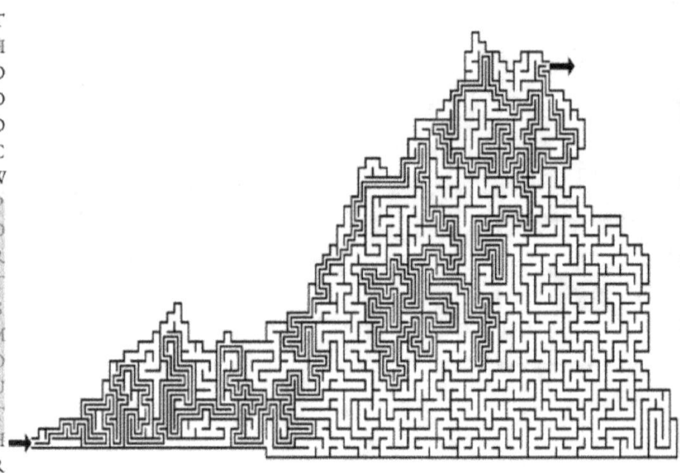

VT

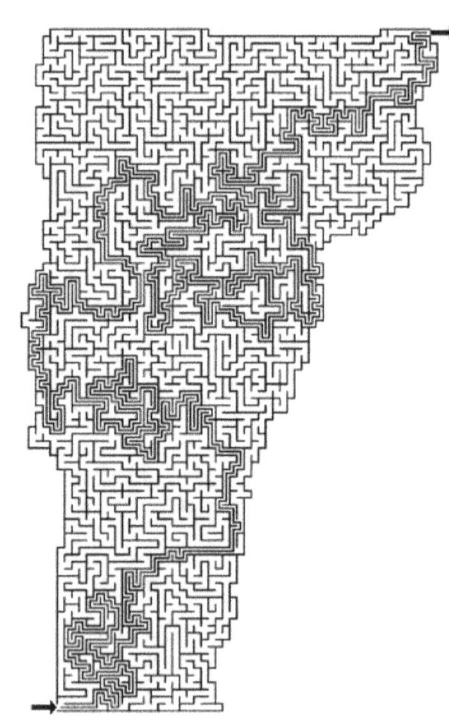

WA

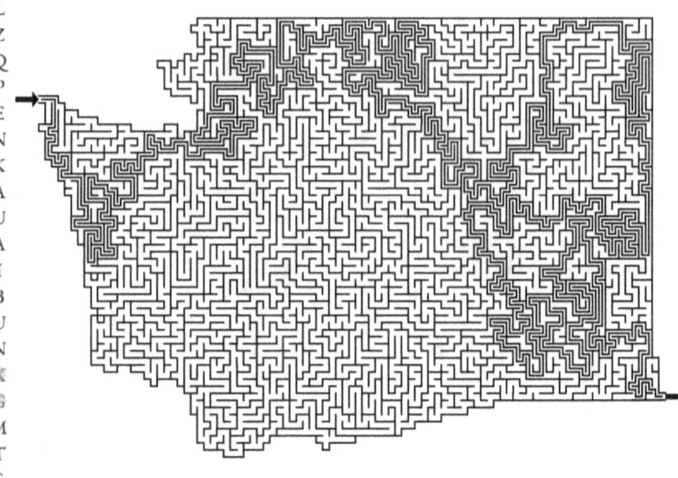

WI

```
O E L J O G A S A E F T D N G O U C O U
V A L F D A P P K E N O S H A K N P Q O
C U F F E A L U H L I B E R A C E L M H
Q C R R L B T F H I Z K H W T G F H M Z
G L X A L O Q K D H Z F A M A E R G I H
D A T N S P G T L Q N Q R Y L O V Q L I
R I K K O Z R J V W Y L L G A R B T W F
H R G L F Z E N N D G C E W M G R P A T
K E I L R F E Z A X K P Y W B I U A U K
S M S O W Y N U P E C V D K E A B C K I
X E A Y P Z B B G T M P A K A O R K E P
L O A D A L A U K D N G V C U K I E E V
G K R W I R Y M Z O R P I O F E T R W H
F L S R W S B B D L B D D W I E W S O A
J V C I R Q O R J C I A S O E F I P F X
D Y T G L D F N E D A G O G L F M I K J
E Z J H N U M F L W V H N T D E W V B L
B Z P T A S A E X D E E E K R M V A Q U
J D P W I A R P T O L R V Z M U P M M P
Q K T O S H K O S H V O S D C H E E S E
```

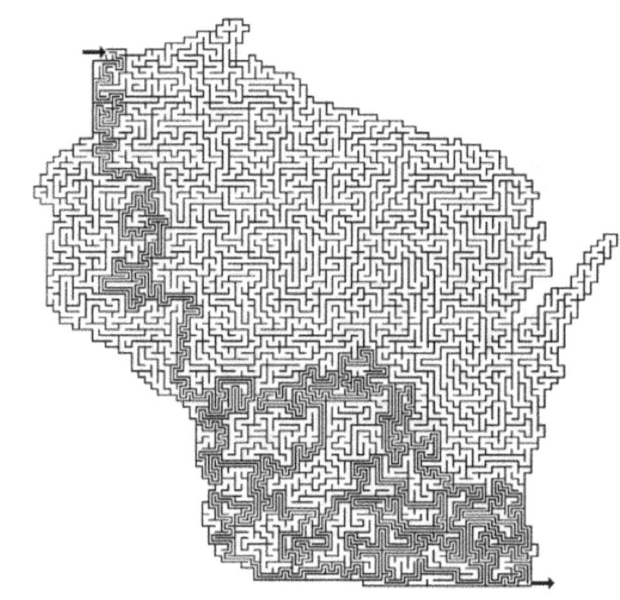

WV

```
K L Q A T K Q N B P V W H E E L I N G Q
X F W T R Y U Z G T M F Q G C K T Q L A
B W M Q H C L A R K S B U R G C Q B T D
C D O I Y U T H S B R A D P A I S L E Y
G O R E P N N X A T C K X J E J O V P Q
F N G J H Q E D J R E I N A L D B E H E
N K A F X T K W E N P V R M X P V B Y K
X N O A C X H R R T E E H Q H H C L J
G O T S N U Y L O I I I R H Z F V W V Q
Y T O U B V I B Y C V N G S A J S N A Z
V T W D K E K C S E H E G B F R D S J C
Y S N E Z T V Y N W T A R H W E V Y S D
I C O A L M I N I N G K R G E R R E J J
M M U R W X J A Y M T H P L O R R R Y M
O L H M Y E G V C Y Y L J P E R D V Y T
C S E N E C A C A V E R N S H S G N T E
P A R K E R S B U R G K D F I P T E Y Q
F Q M O U N T A I N E E R S C T B O J G
A N M V Q L U C U K X N N F A H J L N K
P T A O J F E M O T H M A N M U S E U M
```

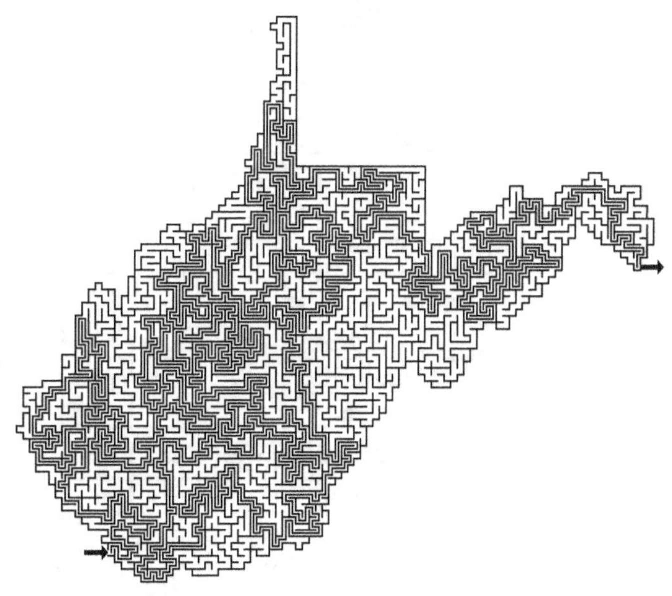

WY

```
Y I V T B N Q C I C S C A S P E R E J O
F E G R A N D T E T O N S Y Q W J H L J
H B L Z O E L M J H U C O W B O Y S R D
N T Q L G R A N D T A R G H E E E V Z H
O E Q D O J O U F Y B R I I T H X Y S J
H A D Z D W R S U W O U D C Y T G I I A
L C J A C K S O N P O L L O C K O H B F
Y P H K Z W H T X P R E Q V D U N W G O
N J K E J M N H O G T Q P U E W V K R M
N R G J Y I N H Y N F M O A Q I O M E W
E O X X G E K K O R E E E G Y I D U E T
C C P A D Y N O K E V A N S T O N W N U
H K X K U N S N J A P G X V Q I K I R N
E S O P M X S G E Q I H U H V F D P I C
N P O K P H T Q X A N T R W D Z K R V O
E R S H E R I D A N W P H C F Q K A E X
Y I G F B I S O N B U R G E R S B W R H
Q N H C O D Y X X B N U B B N S Y Q S I
I G H E X P H L A R A M I E D G S D D Y
I S F U Q V B O T C C N E E B X D S Q L
```

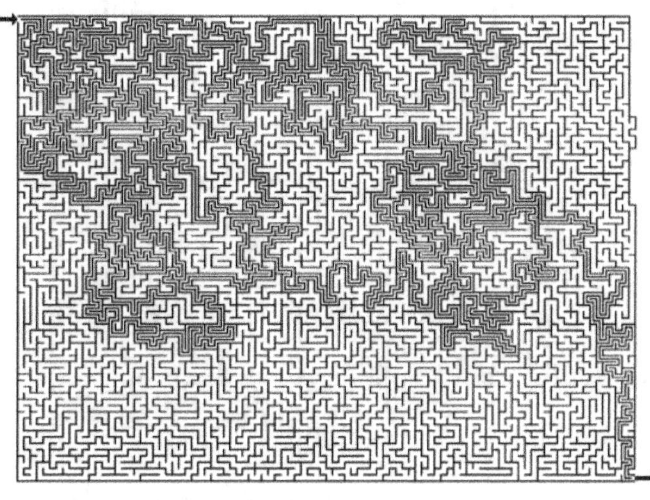

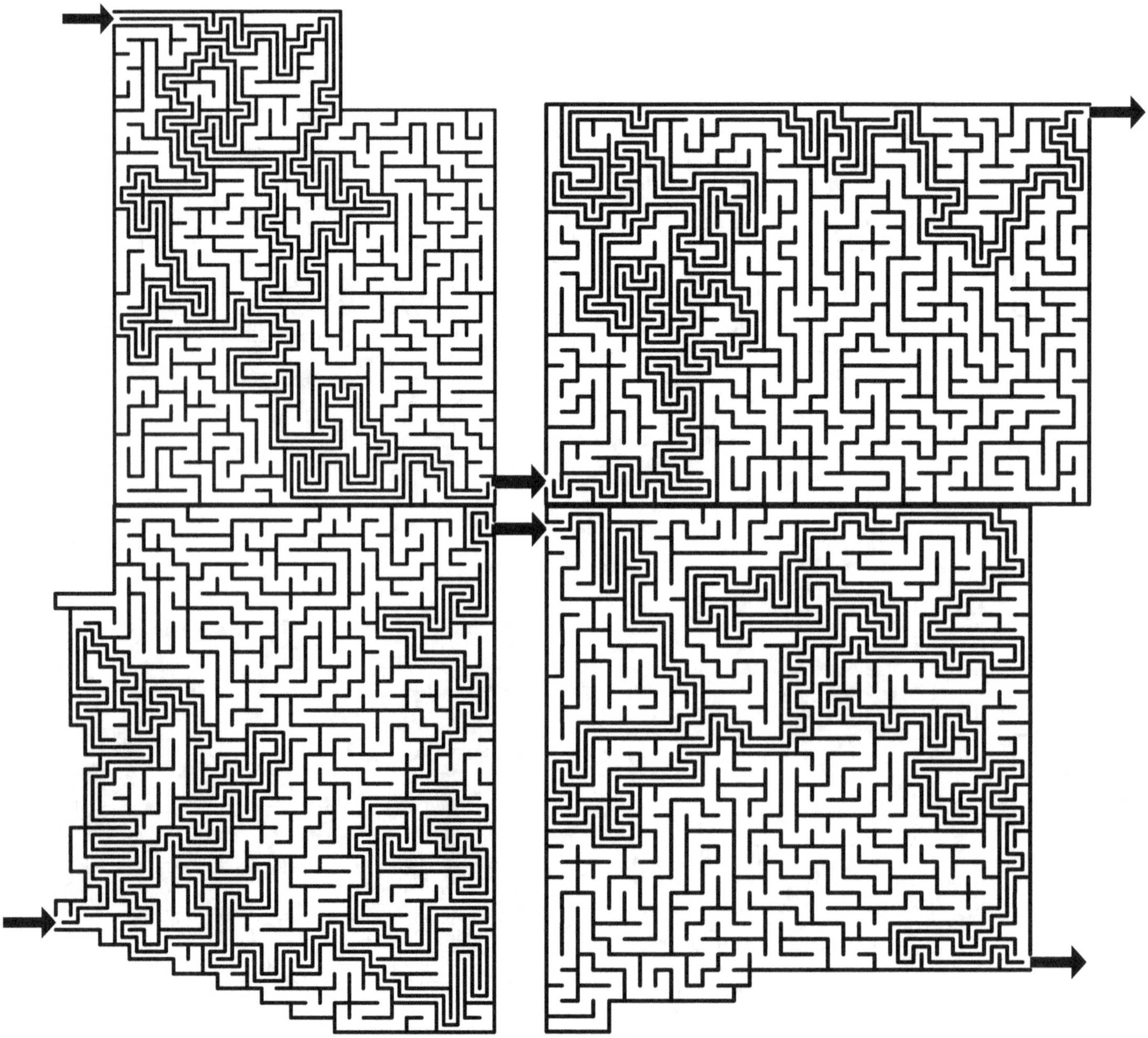

State Capitals

```
C P S T P E A P V F V U E Q B R K C V M
Y R M L V O T D M C A F C A H I T A Y X
B O N O T G I N L Z P C J O R Y V V Q K R
F V D U N R F V X G C F A D L D X E R Q
L I Z E W T Y T Y I L W E B G U W G K R
Y D Q M V V G P B X S E V W W M M H V Q
D E U K C D W O Z H X G E T E R V B C I
I N Y H G X Z E M P E Z L A A L T V U C
X C Q N O Z T J Z E B G G L F L X A N S
S E F J L N L G A L R P V L I N C O L N
A P P H Q O A U A M Y M A M D Y C Q Y
D A N X X L G D C O H A R B D F F H
E M C T R S S C U I O O N A D S Y W I Z
S W U R A C V X L T L T S I T S T Q P
M Z U S A F R V T V U Y P S S X D H O V
O A R E O M E K A C K M E E O T B H N E
I C K X V D E Q M T Q P L E N H M H D H
N F G O U C P N L H D I I W K N P M V D
E Q X O O T R E T G L A E S T P A U L V
S O X D R F I Y U O C B R J P I E R R E
```

State Nicknames

```
L P V O F U R B Z M J J J Y X C M X W E X
Y C V Z N A E H Q G T A S J W A H O R Y
Q Q L A Z J Y C G U H E S J A G S X L A
X S E Q D P A L M E T T O Y R N C W A H
O E U V F C L W O L W X K Y E O E E S G
J X Q N J Q N J N S A Q Q S M N X T F U
R S M U F E I I Q E G A D K F I T K F U
D O A D T L N N A T U R A L N A E G R R
O X L V G K O T T M C M Y W Q G N F O H
L G L D H P W W R O L D L I N E N N Z
Q Q E Z D U S K E E N I Q T W N I P T C
Y I O M B O U I N R A Y L U D S A G I P
A V M N U D M E L U Y S O H G F L A E C
S Q F S R Y U I S V B S U H Q E C U R W
I J W D O W K Y N Z E E E R O S X C A E
I A G A F O Q M S P R E M E G L I O C
M R W I I Z O A D F D O C P H B G C D T Z
G T D O R U K E P L X N I A I E T J S
V V K S S D J Y R I N B Y O D V R B I C
I C G X T X R M J O U K S O T L E E J O
```

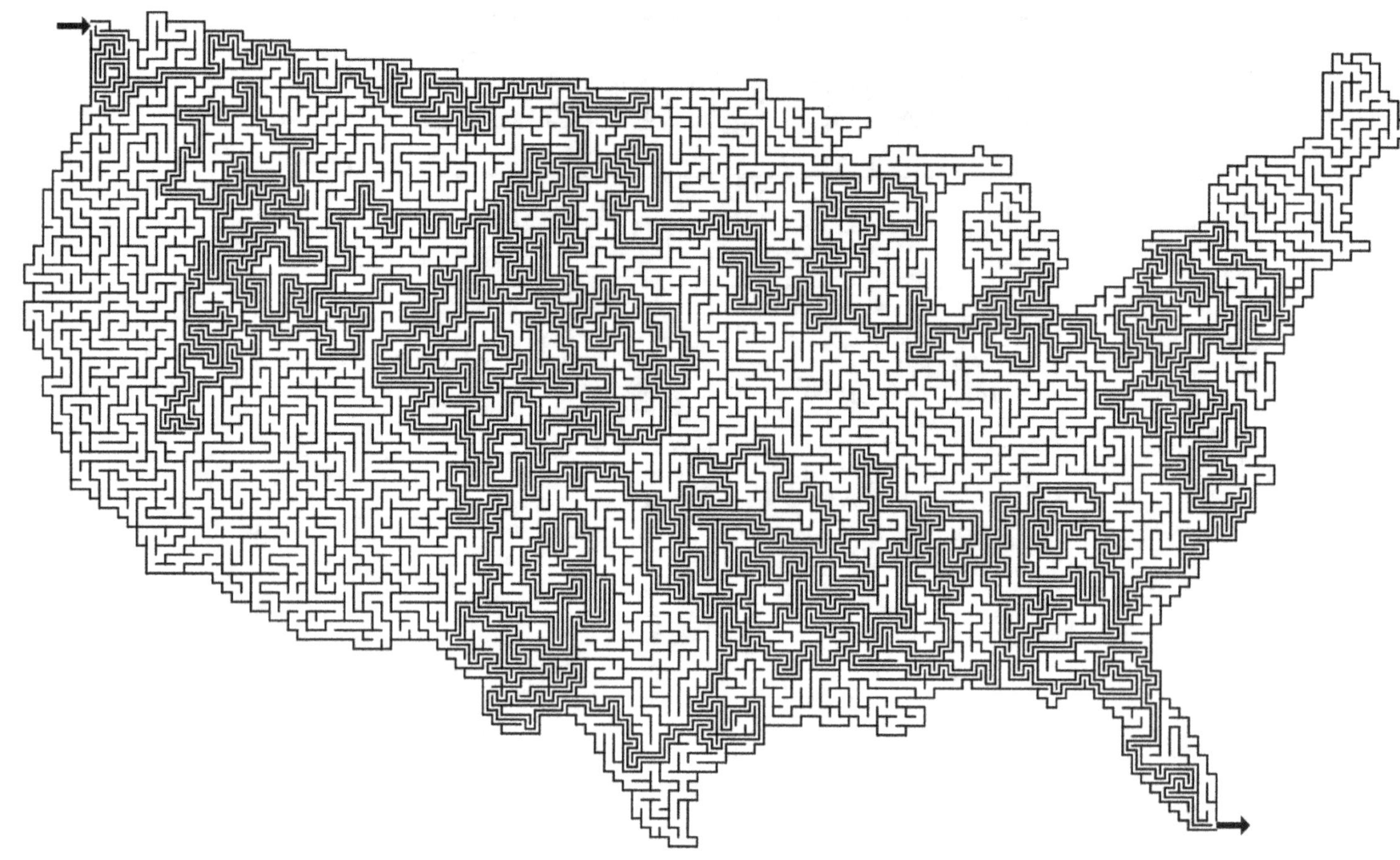

Welcome to the end. Your fun isn't over. It's time to return to each of the state word search and count the number of times the state abbreviation appears in its word search. Which state has the highest number of abbreviations? You may be surprised. Enjoy. L & L

AK		HI		ME		NJ		SD	
AL		IA		MI		NM		TN	
AR		ID		MN		NV		TX	
AZ		IL		MO		NY		UT	
CA		IN		MS		OH		VA	
CO		KS		MT		OK		VT	
CT		KY		NC		OR		WA	
DE		LA		ND		PA		WI	
FL		MA		NE		RI		WV	
GA		MD		NH		SC		WY	